思想的・睿智的・獨見的

經典名著文庫

五南圖書出版公司 印行

經典名著文庫

學術評議者簡介（依姓氏筆畫排序）

- 丘為君　美國俄亥俄州立大學歷史研究所博士
- 吳惠林　美國芝加哥大學經濟系訪問研究、臺灣大學經濟系博士
- 宋鎮照　美國佛羅里達大學社會學博士
- 林玉体　美國愛荷華大學哲學博士
- 邱燮友　國立臺灣師範大學國文研究所文學碩士
- 洪漢鼎　德國杜塞爾多夫大學榮譽博士
- 孫效智　德國慕尼黑哲學院哲學博士
- 秦夢群　美國麥迪遜威斯康辛大學博士
- 高明士　日本東京大學歷史學博士
- 高宣揚　巴黎第一大學哲學系博士
- 張光宇　美國加州大學柏克萊校區語言學博士
- 張炳陽　國立臺灣大學哲學研究所博士
- 陳秀蓉　國立臺灣大學理學院心理學研究所臨床心理學組博士
- 陳思賢　美國約翰霍普金斯大學政治學博士
- 陳清秀　美國喬治城大學訪問研究、臺灣大學法學博士
- 陳鼓應　國立臺灣大學哲學研究所
- 曾永義　國家文學博士、中央研究院院士
- 黃光國　美國夏威夷大學社會心理學博士
- 黃光雄　國家教育學博士
- 黃昆輝　美國北科羅拉多州立大學博士
- 黃政傑　美國麥迪遜威斯康辛大學博士
- 楊維哲　美國普林斯頓大學數學博士
- 葉海煙　私立輔仁大學哲學研究所博士
- 葉國良　國立臺灣大學中文所博士
- 廖達琪　美國密西根大學政治學博士
- 劉滄龍　德國柏林洪堡大學哲學博士
- 黎建球　私立輔仁大學哲學研究所博士
- 盧美貴　國立臺灣師範大學教育學博士
- 薛化元　國立臺灣大學歷史學系博士
- 謝宗林　美國聖路易華盛頓大學經濟研究所博士候選人
- 簡成熙　國立高雄師範大學教育研究所博士
- 顏厥安　德國慕尼黑大學法學博士

經典名著文庫024

實踐理性批判

Kritik der praktischen Vernunft

康德（Immanuel Kant）著

李秋零 譯注

經典永恆・名著常在

五十週年的獻禮・「經典名著文庫」出版緣起

總策劃 楊榮川

五南，五十年了。半個世紀，人生旅程的一大半，我們走過來了。不敢說有多大成就，至少沒有凋零。

五南忝為學術出版的一員，在大專教材、學術專著、知識讀本出版已逾壹萬參仟種之後，面對著當今圖書界媚俗的追逐、淺碟化的內容以及碎片化的資訊圖景當中，我們思索著：邁向百年的未來歷程裡，我們能為知識界、文化學術界做些什麼？在速食文化的生態下，有什麼值得讓人雋永品味的？

歷代經典・當今名著，經過時間的洗禮，千錘百鍊，流傳至今，光芒耀人；不僅使我們能領悟前人的智慧，同時也增深加廣我們思考的深度與視野。十九世紀唯意志論開創者叔本華，在其〈論閱讀和書籍〉文中指出：「對任何時代所謂的暢銷書要持謹慎的態度。」他覺得讀書應該精挑細選，把時間用來閱讀那些「古今中外的偉大人物的著作」，閱讀那些「站在人類之巔的著作及享受不朽聲譽的人們的作品」。閱讀就要「讀原著」，是他的體悟。他甚至認爲，閱讀經典原著，勝過於親炙教誨。他說：

> 「一個人的著作是這個人的思想菁華。所以，儘管一個人具有偉大的思想能力，但閱讀這個人的著作總會比與這個人的交往獲得更多的內容。就最重要的方面而言，閱讀這些著作的確可以取代，甚至遠遠超過與這個人的近身交往。」

爲什麼？原因正在於這些著作正是他思想的完整呈現，是他所有的思考、研究和學習的結果；而與這個人的交往卻是片斷的、支離的、隨機的。何況，想與之交談，如今時空，只能徒呼負負，空留神往而已。

三十歲就當芝加哥大學校長、四十六歲榮任名譽校長的赫欽斯（Robert M. Hutchins, 1899-1977），是力倡人文教育的大師。「教育要教眞理」，是其名言，強調「經典就是人文教育最佳的方式」。他認爲：

> 「西方學術思想傳遞下來的永恆學識，即那些不因時代變遷而有所減損其價值

的古代經典及現代名著，乃是眞正的文化菁華所在。」

這些經典在一定程度上代表西方文明發展的軌跡，故而他爲大學擬訂了從柏拉圖的《理想國》，以至愛因斯坦的《相對論》，構成著名的「大學百本經典名著課程」。成爲大學通識教育課程的典範。

歷代經典．當今名著，超越了時空，價值永恆。五南跟業界一樣，過去已偶有引進，但都未系統化的完整舖陳。我們決心投入巨資，有計畫的系統梳選，成立「經典名著文庫」，希望收入古今中外思想性的、充滿睿智與獨見的經典、名著，包括：

- 歷經千百年的時間洗禮，依然耀明的著作。遠溯二千三百年前，亞里斯多德的《尼各馬科倫理學》、柏拉圖的《理想國》，還有奧古斯丁的《懺悔錄》。
- 聲震寰宇、澤流遐裔的著作。西方哲學不用說，東方哲學中，我國的孔孟、老莊哲學，古印度毗耶娑（Vyāsa）的《薄伽梵歌》、日本鈴木大拙的《禪與心理分析》，都不缺漏。
- 成就一家之言，獨領風騷之名著。諸如伽森狄（Pierre Gassendi）與笛卡兒論戰的《對笛卡兒沉思錄的詰難》、達爾文（Darwin）的《物種起源》、米塞斯（Mises）的《人的行爲》，以至當今印度獲得諾貝爾經濟學獎阿馬蒂亞・

森（Amartya Sen）的《貧困與饑荒》，及法國當代的哲學家及漢學家余蓮（François Jullien）的《功效論》。

梳選的書目已超過七百種，初期計劃首爲三百種。先從思想性的經典開始，漸次及於專業性的論著。「江山代有才人出，各領風騷數百年」，這是一項理想性的、永續性的巨大出版工程。不在意讀者的眾寡，只考慮它的學術價值，力求完整展現先哲思想的軌跡。雖然不符合商業經營模式的考量，但只要能爲知識界開啓一片智慧之窗，營造一座百花綻放的世界文明公園，任君遨遊、取菁吸蜜、嘉惠學子，於願足矣！

最後，要感謝學界的支持與熱心參與。擔任「學術評議」的專家，義務的提供建言；各書「導讀」的撰寫者，不計代價地導引讀者進入堂奧；而著譯者日以繼夜，伏案疾書，更是辛苦，感謝你們。也期待熱心文化傳承的智者參與耕耘，共同經營這座「世界文明公園」。如能得到廣大讀者的共鳴與滋潤，那麼經典永恆，名著常在。就不是夢想了！

二〇一七年八月一日　於

五南圖書出版公司

導讀

輔仁大學哲學系助理教授　張存華

深受十八世紀啓蒙運動精神所感召的康德（Immanuel Kant, 1724-1804），對人類的理性能力推崇備至。理性不僅爲自然立法，理性同時是道德法則的最後依據。在知識論上，康德推動了哥白尼轉向，將知識的判準由外在的客觀對象轉向人類認識的先天形式條件。在倫理學上，康德否定了傳統「幸福主義」目的論式的倫理學論述，同樣批判了「效益主義」結果論式的倫理學觀點。對康德而言，這些立基於質料的實踐原則無法眞正成爲道德根源和基礎，唯有立基於純粹理性的意志——自由意志——才能正確地解釋道德的本質。康德由此開展出其獨特的義務論式的倫理學。

康德道德哲學的核心思想其實相當素樸。康德認爲，每個再簡單的人都能直接地意識到內存於心的道德法則。內存於心的道德法則透過「定言令式」（kategorischer Imperativ）的命題形式對我們發出命令，告訴我們「應當」（sollen）如何實踐。對於原本就內存於心的道德法則，我們無須藉助其他外因加以說明。因此，對「實踐理性」進行批判的目的，並非在「引入道德的某種新原理」（注釋頁8，冊V）①，而是爲「心中的道德律」找到「完全精確地規定應當做什麼並不許出錯的公式（Formel）」（注釋頁8，冊V）。透過此公式的檢視，進而說明作爲個人行事依據、僅具主觀效力的「格律」（Maxime），如何能夠成爲具有普遍必然約束力（Verbindlichkeit）的道德法則（Gesetz）。康德的《實踐理性批判》從「存在著純粹實踐理性」（頁3，冊V）這項理性事實出發，全面檢視一般理性的實踐能力，由此進而論證何以只有立基於純粹理性的「自由意志」才能是道德法則眞正的「存在根據」（ratio essendi）（注釋頁4，冊V）。

康德道德哲學也因此常常被視爲是一種「嚴格主義」（Rigorismus）的表現，道德法則無法容許任何例外。對康德而言，自由意志必須是道德法則的最後依據，因爲唯有當自由意志同時是規定其自身活動的唯一原因時，我們才能夠在一種絕對的意義上談論「責任」、「義務」等倫理學概念。對康德而言，眞正成就人性尊嚴的自由，並不是在於人類能夠通過「自由的任意」（freie Willkür）選擇免除感性欲求的干擾，而是在於當我們意識到

---

① 本文依據普魯士皇家學院版引用康德原文，其中阿拉伯數字代表頁數，羅馬數字代表冊數。Kant's Gesammelte Schriften. Herausgegeben von der Königlich Preußischen Akademie der Wissenschaften, Berlin. Band III 1911, Band IV 1911, Band V 1913.

自身的理性是道德立法的唯一根據時，我們同時意識到自己必須爲自己的行爲負責。眞正的自由，對康德而言，並非意味著人能夠爲所欲爲，而是服從理性的道德法則。

一七八八年出版的《實踐理性批判》並不是康德探討倫理學的第一本著作，亦非康德談論道德哲學的唯一專書。它與一七八五年所出版的《道德形上學之奠基》（*Grundlegung der Metaphysik der Sitten*）和一七九七年所出版的《道德的形上學》（*Metaphysik der Sitten*）共同造就了康德道德哲學的整體風貌。《實踐理性批判》一書在康德的道德論述中扮演了何種角色？康德爲何在《道德形上學之奠基》出版後又特意書寫了《實踐理性批判》[②]？透過《實踐理性批判》成書歷程的考察，將有助於我們對這些問題的理解。[③]

---

② 在《道德形上學之奠基》一書的〈前言〉（Vorrede）中，康德指出，之所以使用《道德形上學之奠基》取代《純粹實踐理性批判》作爲書名，是爲了避免讀者誤以爲理論理性和實踐理性是兩個不同的理性（頁391，冊V）。換言之，闡明道德判斷先天條件的《道德形上學之奠基》，實際上處理的問題是《純粹實踐理性批判》要處理的問題。果眞如此，康德爲何又特意出版了《實踐理性批判》？

③ 有關《實踐理性批判》一書的成書歷程，可參見Paul Natorp爲其所寫的導論。Paul Natorp: Kritik der praktischen Vernunft. Einleitung. In: AA Band V. S. 489-509. 此外，Lewis White Beck: Kants Kritik der praktischen Vernunft. Übersetzt von Karl Heinz Ilting. München 1995和 Otfried Höffe: Kants Kritik der praktischen Vernunft. Eine Philosophie der Freiheit. München 2012兩書也是書寫本導論的主要參考資料。

《實踐理性批判》的成書歷程

康德哲學雖以三大批判而著稱，然而，康德在一七八一年完成《純粹理性批判》之後，原本並沒有書寫其他「批判」的規劃。依據康德的構思，哲學研究主要區分爲「批判」（Kritik）和「形上學」（Metaphysik）兩大部分。前者作爲哲學研究的預備學（Propädeutik），透過全面考察人類的理性機能，以確立人類理性的適用範圍；後者在預備學所提供的理性基礎上，完善「自然」和「道德」兩大領域的形上體系建構。對康德而言，一七八一年《純粹理性批判》的出版，已經實踐其「先驗哲學」（Transzendentalphilosophie）所允諾的預備學的工作，即釐清了一般理性能力「獨立於一切經驗能夠追求的知識」的起源、範圍和界限（頁9，冊IV）。再者，根據康德對「先驗哲學」的界定，先驗哲學只處理完全純粹的、不攙雜任何經驗性成分的先天知識；然而，所有實踐性的東西，在論及動機時，都無法不涉及快與不快、欲望和偏好、任意等具有經驗性的起源的概念。因此，對康德而言，即便道德性的至上原則及其先天概念是先天知識，但「實踐理性」基於其本身的特性，必須被排除在「先驗哲學」的批判研究之外（頁24－25，冊IV）。

在一七八一年出版的《純粹理性批判》中，我們找不到任何文本足以證明康德在當時已有書寫第二批判的想法。依據康德當時的看法，「實踐理性」甚至不是先驗哲學所適用的對象。一直到一七八六年十一月二十一日刊登於耶拿（Jena）《一般文藝報》（*Allgemeine Literatur Zeitung*）關於《純粹理性批判》第二版的新書預告，我們讀到的仍是：「第一版中所包含的純粹思辯理性的批判，也將在第二版中加入對純粹實踐理性的批判。」④換言之，在康德最初的計畫中，「純粹實踐理性批判」僅僅被構想爲《純粹理性批判》第二版的補充部分。然而，在隔年所出版的《純粹理性批判》第二版中，這個作爲補充的部分卻付之闕如。

依據學者Lewis White Beck的推論，康德直到一七八七年的四月——亦即《純粹理性批判》第二版定稿後——才逐漸有將《實踐理性批判》獨立出書的構想，並快速地於同年六月完稿、九月定稿⑤。我們不禁追問：究竟是什麼因素促使康德爲原本不應屬於「先驗哲學」探討領域的「實踐理性」書寫另一「批判」？究竟是什麼因素促使康德在最後關頭決定將《實踐理性批判》獨立出書？《實踐理性批判》的〈前言〉（Vorrede）和〈導論〉（Einleitung）兩章節，提供了我們幾個解讀的線索。

---

④ Allgemeine Literatur-Zeitung vom Jahre 1786. Vierter Band. Jena. Numero 278, Dienstag den 21. Nov. 1786. Spalte 359.

⑤ 參見 Beck (1995), 17。

《實踐理性批判》的成書動機：書名釋義和時人的批判

在〈前言〉的一開始，康德便直言說明本書爲何不對比於《純粹理性批判》以「純粹實踐理性批判」爲名，而以《實踐理性批判》爲名。其原因就在於，本書實際上批判的對象並不是「純粹實踐理性」，而是「一般實踐理性」。康德在隨後的〈導論〉中重申「理論理性」和「實踐理性」的區分時指出，作爲同一理性的兩種不同應用方式，「理論理性」處理人類認識的能力，旨在廓清純粹理性在認識上的適用範圍，防止理性逾越自身合理界限；「實踐理性」則關注人類意志的規定根據（Bestimmungsgrund des Willens）。對康德而言，展現爲欲求能力的意志本身就具備了實現自身對象的能力。正是由於意志本身就是規定自己的一種因果性能力，以意志爲研究對象的《實踐理性批判》其首要任務，也就不再像《純粹理性批判》一樣在於考察使得認識「如何可能」的先天條件，而是從「純粹理性是實踐的」這項理性事實出發，去檢視一般的理性在實踐活動中的種種表現，判定理性的實踐活動在何種程度上是理性的純粹應用，在何種程度上又是混雜了經驗性欲求的不純粹應用，從中最後確認使得道德法則的客觀性得以確立的先天形式條件。既然《實踐理性批判》以「一般實踐理性」爲檢視對象，康德認爲以《實踐理性批判》作爲書名更能貼切地表達本書的主旨。

透過康德的解釋，《實踐理性批判》書名中的「批判」一詞的涵義和對象實際上不再與《純粹理性批判》相同。《純粹理性批判》在「批判」作爲預備學的意義下以「純粹理性」本身爲批判對象，進行批判的目的在將形上學導向「科學的可靠道路」（den sicheren Gang einer Wissenschaft，頁7，冊III），強調的是批判的積極功能；與之相反，《實踐理性批判》以「經驗性的實踐理性」爲批判對象，進行批判的首要任務在於排除一切經驗性的動機根據能夠作爲道德法則的最終依據的可能性，側重的是批判消極的劃界的功能。由於批判涵義和對象的不同，應是康德決定將《實踐理性批判》獨立出書的原因之一。

此外，康德在書寫《實踐理性批判》時，預設了讀者對其《純粹理性批判》和《道德形上學之奠基》兩書一定的熟悉程度。細讀《實踐理性批判》的〈前言〉，我們會發現，〈前言〉大半篇幅所談論的都是康德在其他著作中曾經處理並已經解決的問題。然而，爲了澄清部分學者在閱讀《純粹理性批判》和《道德形上學之奠基》兩書時所誤認的歧見，康德認爲有必要在《實踐理性批判》中重新審視那些「已經經受過特殊批判的概念和原理」（頁7，冊V）。回應學者的評論和澄清時人的誤解，亦是促使康德考量將《實踐理性批判》獨立出書的原因。康德對當時學者質疑的回應，確實也構成了《實踐理解批判》幾個重要的章節⑥。

⑥ 關於Hermann Andreas Pistorius（1730-1798）的質疑：Pistorius認爲康德將其在《純粹理性批判》中堅決反

綜觀時人對康德學說主要的批評，康德將其在《純粹理性批判》中所否定的「諸範疇的超感性應用」（頁5，冊V）被偷渡到《道德形上學之奠基》中用以論證自由概念的客觀

對的「諸範疇的超感性應用」（頁5，冊V）運用於道德哲學中，用以論證自由概念的客觀實在性，是一種非法的偷渡。對於Pistorius的質疑，康德在本書〈分析論〉的總結性章節〈實踐理性在實踐應用中作出一種它在思辯應用中本身不可能作出的擴展的權限〉予以了回答。同樣來自Pistorius的批判，在康德那裡「善的概念〔…〕沒有先於道德原則而得到確定」（頁9，冊V）康德在本書〈分析論〉的第二章中提出了說明。針對時人Johann Friedrich Flatt（1759–1821）的質疑：康德在《道德形上學之奠基》一書中，以自由概念論證道德法則的普遍必然性，反之又以道德法則保障了自由的存在，基本上是建立在一種無邏輯效力的循環論證（petitio principii）的模式之上。針對此問題，康德在本書〈前言〉中的第一個注釋和書中〈分析論〉的〈純粹實踐理性諸原理的演繹〉章節中分別作出了進一步的回應。針對時人Johann Georg Heinrich Feder（一七四〇—一八二〇）對康德先驗哲學致命性的批評：「任何地方都不存在、也不可能存在先天的知識」（頁12，冊V）。康德在〈前言〉中首先指出此批評本身的矛盾之處，就如同「想要通過理性來證明不存在理性一樣」（頁12，冊V）。康德同時質疑休姆（David Hume, 一七七一—一七七六）「用主觀的必然性亦即習慣來偷換僅僅在先天判斷中出現的客觀必然性」的做法，是「在根本上把原因概念當作虛假的和純然的思想欺騙而予以拋棄」（頁12，冊V），並且指出休姆將數學命題視爲是分析命題，說明了休姆在根本上默許了某種先天知識的存在。

實在性；在康德道德哲學中「善的概念〔……〕沒有先於道德原則而得到確定」（頁9，冊V）；康德道德論述建立在無效的循環論證模式之上。爲了消除時人的質疑，康德必須說明何以立基於「自由意志」的道德法則，並不因此逾越純粹理性的權限。對康德而言，作爲同一純粹理性的兩種不同應用方式，「理論應用」和「實踐運用」並不處於對立的關係中。在純粹理性的「理論應用」中，僅具調節性（regulativ）功能的「先驗自由」理念，是理性爲避免陷入二律背反的困境所構想而得的概念。然而，爲了滿足純粹理性追問因果序列的終極原因所建構的「無條件者」概念，由於缺乏在經驗中能夠與之相對應的對象，始終只能被視爲是一種幻相（Schein），它對認識自然並無實質助益。與之相反，由於自由意志是實踐理性的唯一動機，使得自由概念在純粹理性的「實踐應用」中成爲一種建構性（konstitutiv）原則。自由作爲「一種絕對自發的能力」（頁48，冊V）是建構人類道德經驗的內在依據，自由概念進而獲得了「客觀的、雖然只是實踐的、但卻是無法懷疑的實在性」（頁49，冊V）。就自由概念而言，《實踐理性批判》可視爲是《純粹理性批判》的延續。然而，康德必須意識到第二批判的寫作提供他一個從人類的另一嶄新的經驗領域去檢視其先驗哲學的機會。

《實踐理性批判》的意圖

依據康德對《實踐理性批判》書名的解釋和書名中「批判」一詞的推敲，我們可以將《實踐理性批判》的成書主要意圖整理如下：全面檢視一般的、非純粹的理性實踐能力，用以論證：

1. 純粹理性能夠是實踐的，亦即能夠獨立地、不依賴於一切經驗性的東西來規定意志；「阻止經驗性上有條件的理性〔……〕想要獨自提供意志的規定根據的僭妄」（頁16，冊V）；
2. 據此落實對理論理性而言僅具「可能性」的理性理念（Vernunftideen）的「客觀實在性」，尤其是自由概念；
3. 進而說明使得「義務」（Pflicht）概念得以可能的原理和其經驗性運用條件；
4. 由此廓清時人對其學說的誤解，實踐理性的應用並沒有逾越純粹理性的界限，作爲同一純粹理性的兩種不同應用方式，理論應用和實踐運用並不因此處於對立的關係中。

《實踐理性批判》的結構

除了〈前言〉和〈導論〉，《實踐理性批判》類比於《純粹理性批判》，也由「要素論」和「方法論」兩部分構成其主要內容，並在最後外加一個〈結束語〉。其中「要素論」同樣依循《純粹理性批判》做法，劃分爲〈分析論〉和〈辯證論〉兩部分。不同的是《實踐理性批判》的〈分析論〉採取了與《純粹理性批判》相反的程序，亦即不再採用「由感性、而知性、而理性」的論證程序，而是採取「由原理、而概念、而感性」的論證進路。

《實踐理性批判》的〈分析論〉首先解析〈純粹實踐理性的諸原理〉，透過對四條道德定理的反思，確立只有立基於形式的實踐原則才能成爲嚴格意義上的道德律的最後依據，道德法則必須是意志自我立法之結果。在此基礎上，《實踐理性批判》進而探討〈純粹實踐理性的對象的概念〉，論證純粹實踐理性建基於自由性原因之上的「善」、「惡」概念如何體現爲實踐理性的十二範疇，而十二範疇又如何透過「感性自然之合法則形式」運用於具體場合中。《實踐理性批判》〈分析論〉最後考察〈純粹實踐理性動機〉，確立道德法則實踐的感性動力必須來自人類唯一先天的道德情感——亦即對法則的敬畏。

類比於《純粹理性批判》，《實踐理性批判》的〈辯證論〉處理純粹實踐理性的二律背反，討論至善概念的成因、純粹實踐理性對「福德一致」的要求和「靈魂不朽」和「上帝存在」兩大公設（Postulate）的理由依據，進而論證道德神學之合法性。《實踐理性批判》的〈方法論〉探討啓發人心道德意識、內化道德法則的正確方法。最後，康德在〈結束語〉中，提及其著名的兩大崇高原則「頭上的星空」和「心中的道德律」。

康德的論證向來以繁瑣複雜而著稱，叔本華（Arthur Schopenhauer，一七八八－一八六〇）將其寫作風格評爲「出色的乏味」（glänzende Trockenheit）⑦。然而，我們不該將此完全歸因於康德表達能力的欠缺，而是探討對象自身的複雜性要求了一種縝密的分析。康德在《實踐理性批判》一書中爲人類「心中的道德律」所開展出來的細緻論述，有待讀者細心品味。

---

⑦ Arthur Schopenhauer: Die Welt als Wille und Vorstellung (I). In: Sämtliche Werke, Hrsg, von Wolfgang FRHR. VON Löhneysen. Bd I. Darmstadt 1961. S. 578.

科學院版編者導言

保羅・納托爾普（Paul Natorp）

埃德曼[①]已經使人們注意到，《純粹理性批判》按照康德的初衷，應當同時包含著純粹實踐世俗智慧或者道德形而上學的批判性奠基。一部專門的《實踐理性批判》的計畫很晚才出現，而且很值得花費力氣去探索它的起源。

對這個批判計畫最早的清晰預告，即《一七六五—一七六六年冬季學期課程安排的通告》，已經談到「整個世俗智慧的批判和規定」，它「作爲一個整體」，應當「不僅對其認識的起源且對其錯誤的起源作出考察，而且草擬出持久而且合規則地修建這樣一座理性建築物所應當遵循的詳細藍圖。」[②]稍晚[③]，康德預告了對「形而上學乃至整個哲學的獨

---

① B. 埃德曼：《〈純粹理性批判〉編者導言》，見《康德全集》，第Ⅳ卷，五七三頁以下。

② 《康德全集》，第Ⅱ卷，三一〇頁。〔參見李秋零主編：《康德著作全集》，第二卷，三一三頁，北京，中國人民大學出版社，二〇〇四。——譯者注〕

③ 一七六五年十二月三十一日致蘭貝特〔Lambert〕的信，見《康德全集》，第Ⅹ卷，五十三頁。〔參見李秋零編譯：《康德書信百封》，十八頁，上海，上海人民出版社，二〇〇六。——譯者注〕

特方法」的研究。但是，他「把這部作品看作是所有這些計畫的主要目標，想把它再放一放」，因爲他還缺乏「能夠具體地指出獨特方法的例證」。出自這個理由，他想「先拋出一些較小的作品，對我來說，它們的材料是現成的，其中第一批將是《自然世俗智慧的形而上學初始根據》和《實踐世俗智慧的形而上學初始根據》，這樣，主要的著作就不至於因爲詳盡而又不充分的例證被過度拉長」。

當時，這些作品並沒有寫出。一七六六年四月八日致孟德爾頌（Mendelssohn）關於此時期出版的《一位視靈者的夢》的信④表明，康德打算直接奔向自己的重要目標。一位像蘭貝特這樣的人物探討從方法方面把形而上學帶上可靠道路的決定性思想的熱情，至少強有力地促成了這一點。康德如他在一七七〇年九月二日（連同呈送教授就職論文）寫信對蘭貝特說的那樣⑤，決心向正直地追求理解的人呈交「我在其中審視這門科學的形象的一份清晰草圖和關於這門科學的獨特方法的某種思想，不能比這更少了」。但是，教授就職論文作爲與蘭貝特的書信討論的書面證明對他來說根本不夠，他答應給蘭貝特這整個科學的一個新草圖，……「在很少幾封信中」，但他爲此還需要再利用一些時間……「用於恢復」！……

---

④《康德全集》，第X卷，六十六頁以下。〔參見《康德書信百封》，二十—二十三頁。——譯者注〕

⑤《康德全集》，第X卷，九十二—九十三頁。〔參見《康德書信百封》，二十六—二十九頁。——譯者注〕

「到今年冬天」，再把他「關於純粹道德的世俗智慧的研究列入日程，並且加以完成。在這裡，找不到任何經驗性的原則，似乎可以說它就是道德形而上學」，爲的是由此同時「爲那些極重要的意圖開闢道路」；這顯然是在過去所宣告的意見中：爲的是在對哲學的新方法論奠基時已經能夠指出具體的例證。

我們並不感到奇怪，這個意圖的實施這次也擱淺了。自從康德看出「在純哲學中方法就先行於一切科學，而在它的規定經過充分的檢驗和牢固的確立之前所嘗試的東西，顯然是留然領會的，並且必然被拋棄到精神的空洞遊戲裡面去」⑥以來，尚未解決的主要課題必然對康德實施著一種更強大的吸引力。

這樣，在一七七一年六月七日致赫茨（Herz）的信中，我們又發現他「正在詳細地撰寫一部作品，標題是《感性和理性的界限》，它包括了爲感官世界規定的基本概念和法則的關係，以及對鑑賞力學說、形而上學和道德的本性的構思。」「整個冬天」——他想完成道德形而上學的同一個冬天——他「翻閱了所有的資料，對它們進行了篩選、權衡、組合。

---

⑥ 根據教授就職論文第二十三節強調說明的詞句。〔參見《康德著作全集》，第二卷，四一一頁。——譯者注〕

不過，這個計畫只是在不久前才全部實現」⑦。感官世界的基本概念和法則，連同鑑賞力學說、形而上學、道德，從這種鬆散的排列中產生出什麼樣的計畫，當然是不清晰的。

一七七二年二月二十一日致赫茨的信提供了更詳細的答覆。我們在這裡獲悉了兩個不同的計畫。按照第一個計畫，《感性和理性的界限》這部著作應當包括兩個部分，即一個理論的部分和一個**實踐**的部分；其內容和進一步的劃分也得到了說明。在這種情況下，雖然當他著手透徹地思索理論部分時，出現了新的困難。但他相信基本上克服了這些困難，從現在起能夠「寫出一部《純粹理性批判》了。如果純粹理性完全是理智的，那麼，這本書就既包括了理性認識的本性，也包括了實踐認識的本性」。確切地說，他「想先寫出第一部分，它包括形而上學的本源、方法及其界限，然後再寫德性的純粹原則」⑧。

但是，把《純粹理性批判》劃分爲一個理論部分和一個實踐部分，在下一個證詞中看起來又被放棄了，這個證詞就是一七七三年（十月？）致赫茨的信，其中又像過去那樣完全清晰地與唯一的先驗哲學或者純粹理性批判對立起來的是形而上學的兩個部分，即自然形而上學和道德形而上學；他還總是打算首先發表後者。它早就已經準備就緒了：一七六五年，材

---

⑦《康德全集》，第X卷，一一七頁。〔參見《康德書信百封》，二十九—三十二頁。——譯者注〕

⑧《康德全集》，第X卷，一二三頁以下。〔參見《康德書信百封》，三十二—三十八頁。——譯者注〕

料對他來說就是現成的；一七六七年五月九日，他寫信給赫爾德（Herder）說，他正在研究這個問題；一七七〇—一七七一年冬天，他純然是爲了從《感性和理性的界限》的繁重工作中恢復，而打算完成這個作品⑨；即便是按照一七七二年的信⑩，他也在這個領域裡事先進行過相當多的研究，他早就已經把原則構思得相當滿意了。但即便是現在，也未得到實施；所有其他寫作都被《純粹理性批判》的主要工作「像一座水壩那樣阻攔住了」⑪。

兩個部分的形而上學，即自然形而上學和道德形而上學，與獨一不分部分的批判相對峙的那個基本計畫，也出現在其他文獻中。遺憾的是，這些文獻不是完全直接地談論這一點的。一七七六年十一月二十四日致赫茨的信⑫，如我們後面將看到的那樣，與這個假定絕不矛盾；一七七八年八月二十八日的另一封信⑬寧可說是證實了它。但一七八三年八月十六日

⑨《康德全集》，第X卷，七十一頁。〔參見《康德書信百封》，二十四—二十六頁。——譯者注〕

⑩《康德全集》，第X卷，一二四頁。〔參見《康德書信百封》，三十三頁。——譯者注〕

⑪《康德全集》，第X卷，一八五頁。〔參見《康德書信百封》，五十一頁。——譯者注〕

⑫同上。〔參見《康德書信百封》，五十—五十二頁。——譯者注〕埃德曼亦談到它，《康德全集》，第IV卷，五七六頁。

⑬《康德全集》，第IV卷，五八二頁。

致孟德爾頌的信⑭則使人完全清楚地認識到，在此期間出版的《純粹理性批判》中，依他所見已經給出了「人類整個理性的界限和全部內容」的準備工作和可靠規定，只是還缺少按照上述（亦即在《純粹理性批判》中闡述的）批判原理對形而上學的完善。他打算以手冊的形式逐漸地完善它⑮，並且比它的代表作更加通俗；確切地說，他希望當年冬天「完成道德學的第一部分，即便不能全部寫完，至少也要寫出絕大部分」。

據此，《純粹理性批判》本身已經在望；不過，從它出發必須對如下問題獲得一個清晰的答覆，即按照作者的意見，形而上學的批判性的地基清理是以這部著作結束了，還是剛剛過半。由於畢竟按照康德的概念，純粹理性是一個完滿的統一，是一個並非就自身而言、而是僅僅在考察中可分的整體，對尚付之闕如的另一半的提示是不可能不出現的。

但是，這樣一個提示在一七八一年的《純粹理性批判》的任何一個地方都沒有出現；而是無一例外地，像與這個標題相符的那樣，批判的全部工作被視爲在這部著作中已經結束；因此，所預期的不是進一步的批判，而是如迄今一直所是的那樣：自然形而上學和道德

⑭《康德全集》，第X卷，三二五頁以下。〔參見《康德書信百封》，九十二—九十六頁。——譯者注〕

⑮也請參見一七七八年的信，見《康德全集》，第X卷，二二四頁。〔參見《康德書信百封》，六十六頁。——譯者注〕

形而上學。

1. 根據前言，純粹理性批判意味著：「就它獨立於一切經驗能夠追求的一切知識而言對一般理性能力的批判。」[16]唯一剩下的哲學課題就是形而上學本身，或者體系。「我希望在自然的形而上學這個標題自身下面提供出純粹（思辨）理性的這樣一個體系。」[17]在這裡，括弧裡面的附詞，毫無疑問地暗示著體系的另一個同樣根本性的部分：道德形而上學；但並沒有暗示，批判本身還需要在理性的實踐應用方面的一種補充。出版商哈特克諾赫（Hartknoch）指望的正是這兩部著作，「因爲這屬於您的計畫的完成，並且構成一個整體。」[18]沒有人想到，而且康德本人在這段時間也沒有想到第二部批判。因此，例如舒茨（Schütz）就急不可耐地「期求和渴望著」他的自然形而上學，他「畢竟也將毫無疑問地讓一部道德形而上學繼之」[19]。

2. 導論談及先驗哲學劃分的最後一節，儘管把先驗哲學的概念，從而把純粹理性批判

---

⑯《康德全集》，第IV卷，九頁。〔參見李秋零主編：《康德著作全集》，第四卷，七頁，北京，中國人民大學出版社，二〇〇五。——譯者注〕

⑰《康德全集》，第IV卷，十三頁。〔參見《康德著作全集》，第四卷，十一頁。——譯者注〕

⑱一七八一年十一月十九日，《康德全集》，第X卷，二六一頁。

⑲一七八四年六月十日，《康德全集》，第X卷，三七一頁。

的概念限制在純粹的、全然思辨的理性的領域⑳，但這種限制只是由此來論證的，即就道德性的最高原理和基本概念而言，儘管它們都是先天知識，卻畢竟必須預設一些經驗性起源的概念（愉快和不快、欲求和偏好、任性等等）。這就需要解釋，因爲康德至少自一七七○年（教授就職論文，第九節）以來就假定並不可動搖地堅持，道德的原理則源自純粹理性，因而屬於純粹哲學㉑。但是，說明離得並不遠：即便是在道德的最高的、完全純粹的原理和基本概念那裡，也必須儘管如此而預設愉快、不快等經驗性的概念，這是就人的意志絕不是沒有質料而言的。但這種質料並不作爲原則或者條件一起進入純粹的道德原理或者基本概念。《純粹理性批判》如是說：「道德概念並不完全是純粹的理性概念，因爲它們以某種經驗性的東西（快樂或者不快）爲基礎。儘管如此，就……原則而言（因而當人們只注意它們的形式時），它們卻盡可以用做純粹理性概念的實例。」㉒透過這種眾所周知的區分，像在

---

⑳《康德全集》，第IV卷，二十五頁。〔參見《康德著作全集》，第四卷，二十頁。——譯者注〕

㉑特別參見一七七○年致蘭貝特的信，見《康德全集》，第X卷，九十三頁〔參見《康德書信百封》，六十六頁。——譯者注〕：純粹的道德世俗智慧，其中找不到任何經驗性的原則；以及一七七二年致赫茨的信，見《康德全集》，第X卷，一二六頁〔參見《康德書信百封》，三十五頁。——譯者注〕：無論是理性認識的本性，還是實踐認識的本性，就它們是純然理智的而言。

㉒《康德全集》，第III卷，三八四頁。〔參見李秋零主編：《康德著作全集》，第三卷，三七四頁，北京，中

一七七三年致赫茨的信中[23]或者在《純粹理性批判》中[24]那樣的經驗性表述就顯然得到解釋了。

但在這種情況下，一種道德形而上學、道德的純粹原則的提出，能夠缺少一種先行的批判嗎？在這裡，**Methodus antevertit omnem scientiam**（方法先行於任何科學）不適用嗎？它肯定需要批判性的地基清理：但是，這種清理是在純粹（思辨）理性批判中同時給出的。正是這個批判，要「爲那座宏偉的道德大廈平整和加固地基」[25]。它這樣做，是透過確保理念，尤其是自由的理念。自由雖然自身是一個純粹思辨的理念，畢竟從一七七〇年的教授就職論文（第九節，注）以來就已經是實踐認識的基本理念，甚至一般而言唯有它才給出實踐的東西的概念。《純粹理性批判》說：「柏拉圖首先是在一切實踐的東西中，也就是說，在一切依據自由的東西中，發現他的理念的，而自由又隸屬於知識，知識是理性的一個特有產物。」[26]「理念……具有實踐的力量，並且爲某些行動的完善性的可能性奠定了

國人民大學出版社，二〇〇四。——譯者注〕

㉓《康德全集》，第X卷，一三八頁。〔參見《康德書信百封》，三十九—四十二頁。——譯者注〕

㉔《康德全集》，第III卷，五二〇頁注。〔參見《康德著作全集》，第三卷，五一一頁注。——譯者注〕

㉕《康德全集》，第III卷，二四九頁。〔參見《康德著作全集》，第三卷，二四四頁。——譯者注〕

㉖《康德全集》，第III卷，二四六—二四七頁。〔參見《康德著作全集》，第三卷，二四一頁。——譯者注〕

基礎。」[27]「先驗的」理念，特別是自由理念，透過《純粹理性批判》得到了保證，並尤其是期待第二個、尙付之闕如的實踐理性批判給予這種保證。這樣一個批判的名稱和概念，在《純粹理性批判》的第一版中完全不爲人知。尙付之闕如的東西，不是第二個批判，而僅僅是道德自身的闡述，它不能缺少經驗性的概念（愉快、不快等等，簡而言之意志的質料），因而不屬於批判、唯一的批判、亦即自身同一的理性之批判的任務。

3. 這完全是一七八一年的《純粹理性批判》的理解。當然，純粹道德[28]——與純粹數學一樣，這個比較也是值得注意的——處在先驗哲學之外。不過，先驗的理性概念或者理念……「也許能夠使從自然概念到實踐概念的一種過渡成爲可能」[29]；它們構成了道德的理念和原理的理論支柱，這些理念和原理是與這個支柱一起（成立和）作廢的[30]。因爲自由的實踐概念是建立在自由的先驗理念之上的，取消其先驗理念就會同時根除自由[31]。在這種情

---

[27]《康德全集》，第III卷，三八四頁。〔參見《康德著作全集》，第三卷，三七四頁。——譯者注〕

[28] 根據《康德全集》，第III卷，三三二頁。〔參見《康德著作全集》，第三卷，三二二頁。——譯者注〕

[29]《康德全集》，第III卷，二五五頁。〔參見《康德著作全集》，第三卷，二五〇頁。——譯者注〕

[30]《康德全集》，第III卷，三二五頁。〔參見《康德著作全集》，第三卷，三一五頁。——譯者注〕

[31]《康德全集》，第III卷，三六三—三六四頁。〔參見《康德著作全集》，第三卷，三五三—三五四頁。——譯者注〕

況下，根據區分顯象和物自身而對自由的可能性的演繹，連同對應當的普遍說明㉜，就將導致「一個與自然秩序完全不同的規則和秩序」㉝，簡而言之是被給予，因此，《道德形而上學的奠基》以及《實踐理性批判》的核心思想已預先提出，但畢竟沒有因此而離開純粹思辨研究的地基，因爲這裡到處都涉及道德的理論支柱，尚未涉及道德自身。

就連實踐公設也已經得到暗示㉞；最後，在已經於一七七六年致赫茨的信裡面被稱之爲先驗哲學的一個本質性組成部分的純粹理性的法規㉟中，向實踐領域的過渡昭然若揭；因爲法規明確地涉及實踐的理性應用，而不涉及思辨的理性應用㊱。人們理解，在這裡，康德自己在爲體系的統一幾乎忐忑不安㊲；出現了這樣的危險，即對新話題或者對於先驗哲學來說

㉜《康德全集》，第III卷，三七一頁。〔參見《康德著作全集》，第三卷，三六一頁。——譯者注〕

㉝《康德全集》，第III卷，三七三頁。〔參見《康德著作全集》，第三卷，三六三頁。——譯者注〕

㉞《康德全集》，第III卷，四二一頁以下、五一八頁。〔參見《康德著作全集》，第三卷，四一三頁以下、五一〇頁。——譯者注〕

㉟因此，這封信並不與只有一種理性批判的預設相矛盾。參見《康德全集》，第X卷，一八六頁。〔參見《康德書信百封》，五十二頁。——譯者注〕

㊱《康德全集》，第III卷，五一八頁。〔參見《康德著作全集》，第三卷，五〇九頁。——譯者注〕

㊲《康德全集》，第III卷，五二〇頁。〔參見《康德著作全集》，第三卷，五一一—五一二頁。——譯者注〕

陌生的對象說得太少，而使其缺乏清晰性和說服力（同上）。但實際上，純然思辨的研究的界限即便在這裡也被極爲嚴格地遵守。如果一方面，如這裡又強調的那樣，實踐的概念，恰恰作爲實踐的，也就是說與愉快和不快（在質料上）相關，並不屬於先驗哲學的整體㊳，那麼反過來，先驗自由的問題並不歸屬實踐應用中的理性，而僅僅涉及思辨的知識；它在討論實踐的東西時，甚至可以被當作完全無所謂的而擱置一旁㊴；道德（直接地）只需要實踐意義上的自由，這種自由甚至可以透過經驗來證明㊵。這樣也就是：「我應當作什麼」的問題「是純然實踐的。它作爲這樣一個問題雖然歸屬純粹理性，但在這種情況下卻畢竟不是先驗的，而是道德的，因而我們的批判就自身而言並不研究它」㊶。只是在膚淺地閱讀時，人們可能在這裡「我們的批判」中發現對另一種批判，亦即實踐理性批判的暗示。但是，按照所有前面所說㊷，「不是先驗的，而是道德的」這種截然的對立只可以這樣來理解，即在道德的東西的概念中一起考慮到了對經驗性概念的吸納。因此，「我們的批判」這一表述不可以

㊳《康德全集》，第III卷，五二〇頁注。〔參見《康德著作全集》，第三卷，五一一頁注。——譯者注〕

㊴《康德全集》，第III卷，五二二頁。〔參見《康德著作全集》，第三卷，五一三頁。——譯者注〕

㊵《康德全集》，第III卷，五二一頁。〔參見《康德著作全集》，第三卷，五一二頁。——譯者注〕

㊶《康德全集》，第III卷，五二三頁。〔參見《康德著作全集》，第三卷，五一四頁。——譯者注〕

㊷特別是按照《康德全集》，第IV卷，二十四頁。〔參見《康德著作全集》，第四卷，二十頁。——譯者注〕

在與另一種批判的對立中，而只可以在與作爲哲學體系的一個部分的道德本身的對立中來理解。

4. 還剩下的是純粹理性的建築術，畢竟應當最早在其中找到我們的問題的終極裁定。它表明了什麼？說：「人類理性的立法（哲學）有兩個對象，即自然和自由，因而既包含自然規律，也包含道德法則，一開始以兩個專門的哲學體系，最終則以一個唯一的哲學體系。……純粹理性的哲學要麼是……預科……，並且叫做批判；要麼第二，是純粹理性的體系（科學），……並叫做形而上學；……形而上學分爲純粹理性的思辨應用的形而上學和其實踐應用的形而上學，因而或者是自然形而上學，或者是道德形而上學。」㊸即便在這裡，也沒有片言隻語談到對批判的相應劃分；人們毋寧必須說，這樣一種劃分被這種說明完全排除了，因爲至少在這裡，在這部著作的差不多結束的地方，不可以對批判尚付之闕如的另一個部分沉默不語，如果這樣一個部分被預設的話。但是，在該篇的結尾再次說道：「因此，形而上學，無論是自然形而上學還是道德形而上學，尤其是以預習的方式（以預科的方式）走在前面的對貿然鼓起自己雙翼的理性的批判，才構成我們在眞正的意義上能夠稱之

㊸ 《康德全集》，第III卷，五四三—五四四頁。〔參見《康德著作全集》，第三卷，五三六—五三七頁。——譯者注〕

爲哲學的東西。」㊹即便在這裡，也沒有對「預科」的一個尚付之闕如的實踐部分的絲毫暗示。

根據這一切，人們所期待的東西，完全是康德在《純粹理性批判》出版之後立即考慮撰寫形而上學，確切地說是他已經開始又一再暫緩其完成的部分，亦即道德形而上學㊺。

但是，我們所期待的東西，也只是以批判所建議的思想方向尚未離開他；恰恰是在他認眞地開始完善道德形而上學的時候，在《純粹理性批判》中爲道德形而上學提供的先期工作尚未使他完全滿足。因爲《純粹理性批判》雖然在內核上包含著也爲純粹道德的奠基，但只是在有限的、更多地是偶爾的並且還蒙受指責的闡述中。這樣就可以理解，他的道德學的第

㊹《康德全集》，第III卷，五四九頁。〔參見《康德著作全集》，第三卷，五四二頁。——譯者注〕

㊺參見哈曼〔Hamann〕一七八一年五月七日和十月二十三日、一七八二年一月十一日致哈特克諾赫的信，見基爾德邁斯特〔Gildemeister〕：《J. G. 哈曼的生平和著作》，第II卷，三六八頁；以及《哈曼文集》，第VI卷，二二二、二三六頁；哈特克諾赫一七八一年十一月十九日致康德的信，見《康德全集》，第X卷，二六一頁；埃德曼：《康德全集》，第IV卷，六〇二—六〇三頁；門采爾〔Menzer〕：《〈道德形而上學的奠基〉導言》，見《康德全集》，第IV卷，六二五頁；尤其是已經提到的康德一七八三年八月十六日致孟德爾頌的信，見《康德全集》，第X卷，三二五頁以下。〔參見《康德書信百封》，九十二—九十六頁。——譯者注〕

一部分[46]變成了道德形而上學的前驅或者計畫[47]，最終變成了道德形而上學的一個奠基[48]；實際上無非是爲純粹道德或者道德形而上學進行的一次更完備的、盡可能脫離純粹亦即思辨理性批判的、與道德問題本身更清晰也更完備地相關聯的批判性地基清理。

在這部作品——其稿子是在一七八四年九月十九日寄出的，康德在一七八五年四月七日收到第一批樣書[49]——的（遺憾的是沒有注出日期的）前言中，總的來說第一次出現了實踐理性批判的名稱和概念。它應當是什麼，是與《純粹理性批判》和《道德形而上學的奠基》並立嗎？一種實踐理性批判能夠無非是道德形而上學的（批判性）奠基嗎？

前言本身對此給出的答覆是：「我決意日後提供一部《道德形而上學》，如今我讓這本《奠基》先發表。儘管除了一種純粹實踐理性的批判之外，道德形而上學眞正說來沒有別的基礎，就像對於（自然）形而上學來說，已經提供的純粹思辨理性的批判是基礎一樣。」而兩部著作的每一位讀者都知道，《奠基》和《實踐理性批判》在主要內容上確實是疊合

---

[46] 致孟德爾頌的信，《康德全集》，第X卷，三二五頁以下。〔參見《康德書信百封》，九十二—九十六頁。——譯者注〕

[47] 《康德全集》，第X卷，三七三頁。

[48] 門采爾導言，見《康德全集》，第IV卷，六二六—六二七頁。

[49] 同上書，六二八頁。

的，它們幾乎只是在形式上有區別。確切地說是這樣的，思想的展開在《奠基》中更多地遵循一種分析的走向，在《實踐理性批判》中則遵循一種綜合的走向。在《奠基》的第三章中，間接完成了向純粹實踐理性批判的過渡，並且已經闡述了這個批判對於我們的意圖來說充分的要點[50]。只不過在完備性上，在這裡也還沒有提出這種批判；也就是說，爲了完成它還要求：「顯示它與思辨理性在一個共同的原則之中的統一，因爲畢竟歸根結底只能有同一種理性，它唯有在應用中才必須被區別開來。」[51]

而由此出發，我們相信可以理解，康德爲什麼在完成《奠基》以及《自然科學的形而上學初始根據》之後，也不是「毫不猶豫地轉到」實踐理性批判的研究上，而是轉到道德形而上學的研究上[52]。還有在一七八六年四月七日致貝林（Bering）的信[53]中，他還要進一步拋開某種東西，以便爲實踐世俗智慧的體系贏得時間，「這個體系與前一個體系是姊妹篇，需要加以類似的處理，但儘管如此，卻不會遇到前一個體系那樣大的困難。」因此，康德是極

[50] 《康德全集》，第IV卷，四四五頁。〔參見《康德著作全集》，第四卷，四五三頁。〕

[51] 《康德全集》，第IV卷，三九一頁。〔參見《康德著作全集》，第四卷，三九八頁。〕

[52] 一七八五年九月十三日致舒茨的信，見《康德全集》，第X卷，三八三頁。〔參見《康德書信百封》，一〇二頁。——譯者注〕

[53] 《康德全集》，第X卷，四一八頁。〔參見《康德書信百封》，一〇四—一〇五頁。——譯者注〕

爲認眞地打算只是在完成自然形而上學和道德形而上學體系之後才提交實踐理性批判，它應當為結束整個批判體系而闡明思辨理性和實踐理性的統一。只有這樣才可以理解，還在一七八七年五月十四日，即《實踐理性批判》出版前不久[54]，人們都在期盼著他的《道德形而上學》，而不是《實踐理性批判》。

但是，決定著他又放棄這個意圖的，看起來主要是對《純粹理性批判》以及《奠基》的評判的顧忌，這些評判感到悵然若失的，恰恰是他保留給《實踐理性批判》的東西，即令人信服地證明思辨理性和實踐理性的統一，而尤其不滿的，是「被用於本體的範疇在理論知識中被否定而在實踐知識中被肯定的客觀實在性」和「那個悖謬的要求，亦即使自己作爲自由的主體成爲本體，但同時也在自然方面使自己成爲自己的經驗性意識中的現象」[55]。看來，爲了周密地對付這些一再重複的指責，他決定如今把《實踐理性批判》置於《道德形而上學》之前。表明這一修正的是：

1.《實踐理性批判》前言：「唯有對實踐理性的一種詳盡的批判才能消除這一切誤

---

[54] 根據耶尼施〔Jenisch〕致康德的信，見《康德全集》，第X卷，四六三頁。

[55] 《實踐理性批判》前言，見《康德全集》，第V卷，六—七頁。〔參見李秋零主編：《康德著作全集》，第五卷，七—八頁，北京，中國人民大學出版社，二〇〇七；亦見本書四頁。——譯者注〕

解，並澄清恰好構成實踐理性之最大優點的那種一貫的思維方式。」㊿(56)（只是一種詳盡的批判：《奠基》已經包含了主要的特徵。）

2. 在這本書完成前不久，一七八七年六月二十五日致舒茨的信：「我的《實踐理性批判》已經大功告成，我打算下星期把它寄往哈勒付印。這本書要比與費德爾（Feder）和阿貝爾（Abel）的所有爭論……更好地證明和解釋我透過純粹實踐理性所做的補充以及這種補充的可能性，這些東西是我過去拒絕給予思辨理性的。正是這一點，成爲激怒那些人物的眞正原因，它迫使那些人物，寧可選擇不適當的、甚至荒唐的方法，也要在他們屈服於批判哲學的那個使他們覺得完全絕望的格言之前，能夠把思辨能力一直擴展到超感性的東西之上。」(57)

3. 這本書剛一出版，一七八七年十二月二十八日致萊因霍爾德（Reinhold）的信中說：「在這本小冊子中，徹底解決了舊派人物誤以爲在我的批判中發現的許多矛盾，相比之下，如果這些人不願放棄他們那種陳舊的補綻工作，那麼，他們所不可避免的矛盾是隱藏不

---

(56)《實踐理性批判》前言，見《康德全集》，第V卷，六—七頁。〔參見李秋零主編：《康德著作全集》，第五卷，七—八頁，北京，中國人民大學出版社，二〇〇七；亦見本書四頁。——譯者注〕

(57)《康德全集》，第X卷，四六七頁。〔參見《康德書信百封》，一〇七頁。——譯者注〕

住的。」[58]

4. 在我們這部著作中，特別多的是與對手的評判的直接關聯：與康德以《什麼叫做在思維中確定方向？》這部作品參與的孟德爾頌－雅各比（Jacobi）爭論和魏岑曼（Wizenmann）的答覆的關聯；與《奠基》的蒂賓根書評（弗拉特〔Flatt〕著；基本思想：「不一致」）和提特爾（Tittel）的反駁（新的公式，不是新的原則，且又是不一致）的關聯；與「熱愛眞理的評論家」[59]和「某些其他異議」的關聯，關於這些將在後面談到。

5. 至少是根據康德自己的通告撰寫的《實踐理性批判》預告與《純粹理性批判》第二版的預告一起登在一七八六年十一月二十一日的《文匯報》上，其中說道：「在第二版中，爲在第一版中所包含的純粹思辨理性批判附加上一個純粹實踐理性批判，它同樣有助於面對已有的或者將有的指責來確保道德性的原則，並完成必須先行於純粹理性哲學體系的批判研究的整體。」[60]

與這個預告相關的，大概是哈曼在一七八七年一月三十日致雅各比的信中的表述：

---

58 《康德全集》，第X卷，四八七頁。〔參見《康德書信百封》，一一〇頁。——譯者注〕

59 《康德全集》，第V卷，八頁：指皮斯托留〔Pistorius〕，見《德意志圖書彙報》。

60 刊印在埃德曼那裡，《康德全集》，第III卷，五五六頁。

「我從報紙上看到，那本書」，亦即《純粹理性批判》不久前脫稿的新版本，「將增加一個實踐理性批判」[61]。兩個批判徑直被設想爲一部著作的這種最緊密的結合，此後大概是出自外在的理由已經放棄了：《純粹理性批判》的新版本在一七八七年春出版（前言署的日期是一七八七年四月），沒有曾預告的增加。不過，《實踐理性批判》已經在同年的六月二十五日[62]就已經差不多可以付印了；根據雷克（Reicke）注爲同年九月十一日（當然是可疑的）致雅各（Jakob）的一封信，它正在格魯內特（Grunert）那裡印刷；這裡也說道：它包含某些能夠清除對理論理性的誤解的東西。在同一個日期，康德已經吩咐印刷商寄送贈閱本。[63]畢竟，印刷在這種情況下還延遲了一些，因爲格魯內特想讓人用新的清晰鉛字印刷這部著作，而這鉛字在米迦勒節博覽會後八天才送到他那裡[64]。不過，耶誕節前不久，印在打

---

[61] 基爾德邁斯特：《J. G. 哈曼的生平和著作》，一八五七年以下，第V卷，四五二頁。

[62] 根據已經提及的在這個日期致舒茨的信，見《康德全集》，第X卷，四六七頁。〔參見《康德書信百封》，一〇七頁。——譯者注〕

[63] 《康德全集》，第X卷，四八三頁。

[64] 《康德全集》，第X卷，四八三頁。

字紙上的六本樣書就到了康德手中[65]。在致赫茨[66]和萊因霍爾德[67]的信中，他向這兩位許諾會透過格魯內特寄送樣書。剛提及的這封信，第一次列舉了三個批判，它們爲哲學的三個部分指明先天的原則；而《純粹理性批判》第二版的前言還僅僅許諾「提交自然形而上學和道德形而上學，作爲思辨理性批判和實踐理性批判的正確性的證明」[68]。

從一切跡象來看，康德沒有以任何方式參與這部著作的新版本。第二版應當是[69]在一七九〇年復活節博覽會就已經完成；它實際上是在一七九二年才出版。在一七九七年繼這個第二版之後的不是第三版，而是第四版；迄今，沒有找到一個第三版的任何跡象。我猜測，出版商在第二版[70]馬上印了二千冊（不是通常的一千冊）之後，讓人把第三版標記爲第四版。康德沒有參與這一版[71]。第五版於一八一八年出版，第六版於一八二七年出版。翻印

---

[65] 《康德全集》，第X卷，四八三頁。

[66] 十二月二十四日，《康德全集》，第X卷，四八五頁。

[67] 十二月二十八日，《康德全集》，第X卷，四八七頁。〔參見《康德書信百封》，一一〇頁。——譯者注〕

[68] 《康德全集》，第III卷，二十六頁。〔參見《康德著作全集》，第三卷，二十四—二十五頁。——譯者注〕

[69] 根據小哈特克諾赫一七八九年八月和九月的信，見《康德全集》，第XI卷，七十一—八十八頁。

[70] 根據《康德全集》，第XI卷，七十一頁。

[71] 根據一七九七年一月二十八日致哈特克諾赫的信，見《康德全集》，第XII卷，一四六頁。

版於一七九一年和一七九五年在法蘭克福和萊比錫出版，於一七九六年在格萊茨出版。

※ ※ ※

對在撰寫《實踐理性批判》期間同時起作用、並在其中得到表達的論戰性考慮的一種窮盡性研究，不是在這裡做的事情；不過，彙編最重要的資料，看來是有助益的。

1. 哈曼在一七八六年五月十三日寫信告訴雅各比[72]對康德的一次拜訪：「他腦子裡也縈繞著一樁寫作事務，他馬上告訴了我。這就是他的道德學的蒂賓根書評。舒茨讓他對一個教區委員會委員提特爾的反駁有思想準備，此人據說是費德爾的一個注解者，我至今完全不認識他。也許，整個反駁就是這個赤裸裸的書評，它並不攻擊康德，但被弱不禁風的朋友們認爲足夠重要的是，爲了讓他高興而不讓它在這裡流行。」

《奠基》的蒂賓根書評[73]的作者不是提特爾，而是（像不難證明的那樣）蒂賓根教授J. Fr. 弗拉特，但他與提特爾的觀點很一致。他在上面所說的那本雜誌上是哲學著作的常任評

[72] 基爾德邁斯特：《J. G. 哈曼的生平和著作》，第V卷，三二二頁。

[73] 《蒂賓根學術通訊》，一七八六（一四），二月十六日，一〇五頁以下。

論家；他尤其是有大量作品直接地或者間接地、友好地或者敵意地談及康德，說的是同樣的東西，不知疲倦地重複同樣的指責。

卡爾斯魯厄的教區委員會委員戈特利布・奧古斯特・提特爾的「反駁」是《論康德先生的道德改革》這部作品（法蘭克福和萊比錫，普費勒兄弟出版社，一七八六年）。哈曼有理由稱他是「費德爾的注解者」，因爲他讓人出版了《按照費德爾先生的次序分五卷對理論哲學和實踐哲學的闡釋》[74]；比斯特爾（Biester）在致康德的一封信[75]中稱他是弱智的費德爾的弱智影子。從這封信可以看出，康德認眞地打算公布針對費德爾和提特爾的攻擊的一個辯護。就連雅各也提到反對康德的作品[76]，康德則透過舒茨把這個作品寄給他[77]。《實踐理性批判》前言中儘量地關照了它。提特爾在自己這部作品的前言中就已經指責「極頻繁地使用抽象的術語」（四頁）。他針對這種使用來捍衛把幸福和道德性最緊密地連結起來的「那個無辜的和値得喜愛的」（五頁）體系，多次指責康德的「神祕主義」，特別是經常重

---

[74] 阿迪克斯〔Adickes〕：《康德文獻》，第二九七條。

[75] 《康德全集》，第X卷，四三四頁，一七八六年六月十一日。

[76] 《康德全集》，第X卷，四三八頁，一七八六年六月十七日。

[77] 參見康德十一月三日的信，見《康德全集》，第X卷，四四五頁。

複如下論斷，即康德「以不知所云的語言把久已爲人所知的東西宣布爲新穎的」（如二十五頁）。「康德的整個道德改革就應當僅僅侷限於一個新公式嗎？」（三十五頁）「康德先生在相信以這種方式闡述和鞏固了他自以爲的道德學說新原則之後……」（五十五頁）「人們幾乎不應當去想，如此平常和熟知的命題能被如此技術高超地弄隱晦。……我爲什麼必須把人置於兩個世界之中？爲什麼要如此高深地引出二論背反和他律這些聽起來異樣的、因而許諾某種新東西的、卻畢竟不包含任何新東西的名稱？如此精雕細琢的命令式有什麼用？在一件如此容易的事情上，整個笨拙的工序有什麼用？」（八十二頁）等等。據此，康德的前言的批判性注釋主要是針對提特爾的⑱，連同對著名的伽爾韋費德爾《純粹理性批判》書評的一瞥（參見十三頁）；但就連批判（二十八頁）也特別注意提特爾，提特爾在促進自己的和他人的幸福的法則以無條件的實踐必然性確實適用於一切有理性的生物這一點上，看不出任何困難（參見其作品的五十六頁）；它當然也注意弗拉特，弗拉特（如提特爾在三十一頁）特別訴諸：康德本人與他的根本沒有任何經驗性原則具有普遍性的命題相矛盾，在《奠基》中承認，幸福的意圖「按照一種自然必然性」屬於所有有理性的存在者。而這樣，除此之外還將有某些東西首先與這兩個人相關，儘管順便也涉及其他人。例如，像此

---

⑱《康德全集》，第V卷，八、十頁。

前特別是費德爾那樣嘲笑新術語的，也有《最新學術歷史的批判性貢獻》對《奠基》的評論（第I卷，二〇二頁以下）[79]；也有邁納（Meiner）在其《靈魂學說綱要》前言中的評論，康德聽憑自己的朋友們駁斥它[80]。這樣，對「不一致」的普遍指責——四、五頁——當然是由多人說出的；但爲弗拉特在其眾多的書評中特別鍾愛。

2. 康德本人在一七八七年六月二十五日致舒茨的信中，點名提到費德爾和阿貝爾，「前一位斷言根本沒有任何先天認識，後一位則斷言有一種居於經驗性認識與先天認識之間的認識。」[81]此前不久，貝林對他提到這兩個人[82]。與前一位相關的，顯然是前言的結論：「但是，對於這些努力來說，也許不可能遇到比有人出乎意料地發現任何地方都不存在、也不可能存在先天的知識更爲糟糕的事情了」（十二頁）；儘管此前就已經有塞勒「嘗試證明，不存在任何純粹的、不依賴於經驗的理性概念」[83]來反對康德了。康德在那封信中所矚目的費德爾作品，肯定是《爲檢驗康德哲學而論空間和因果性》（格廷根，一七八七

---

[79] 阿迪克斯：《康德文獻》，第二三六條。

[80] 《康德全集》，第V卷，四四六、四五六頁。

[81] 《康德全集》，第X卷，四六七頁。〔參見《康德書信百封》，一〇七頁。——譯者注〕

[82] 五月二十八日，《康德全集》，第X卷，四六五頁。

[83] C. G. Selle，《柏林月刊》，一七八四年，十二月號。

年）。這部作品的前言所署的日期爲一七八七年一月三十一日，大概是爲復活節博覽會出版的，因而能夠較早地爲康德所知，以至於在他的前言的補記中受到關注。康德的闡述精確地切中那部作品（特別是第九節，三十五頁以下）。與此相反，阿貝爾的作品[84]在《實踐理性批判》中沒有顧及；眞正說來，康德認爲與這個對手的任何爭論都是多餘的[85]；只是由於實際的旨趣，他才認爲費德爾的那種極廣泛的「發現」畢竟是値得關注的。

3. 這樣，當他聯繫到他迄今所遭遇的對批判的那些最顯著的指責，亦即「一方面在理論知識中……」（六頁）時，他關注的無論如何不是這兩個人。這裡所考慮的也不是烏爾里希，他在自己寄給康德的《邏輯學和形而上學準則》[86]的二三三頁提到範疇僅僅在理論方面可運用於「先驗客體」（他把它等同於「物自身」）的問題。相反地，康德在這裡已經注意到他的《奠基》的那位後面清晰地稱之爲「熱愛眞理且思想敏銳、因而畢竟永遠値得尊敬的評論家」，此人提出異議說：善的概念必須先於道德原則得到確定。這是《德意

[84]《一種系統形而上學的計畫》和《爲檢驗康德體系而試論思辨理性的本性》，均爲一七八七年。

[85]參見《康德全集》，第X卷，四八七頁，論及舊派人物。〔參見《康德書信百封》，一一〇頁。——譯者注〕

[86]《康德全集》，第X卷，三七八、三九八頁。

志圖書彙報》的評論家，按照耶尼施的正確報告，是「費馬恩島大教堂教長皮斯托留、哈特利（Hartley）的翻譯者」。但是，這裡考慮的不僅是《奠基》的評論[87]，而恰恰是就因範疇可用於本體和人作爲現象和本體的雙重本性而有的強烈反駁而言，考慮的是對舒爾茨（Schultz）的闡述的篇幅更大的評論[88]，在那裡，這些反駁得到深入而又可理解的展開；不無對「既熱愛眞理又思想深刻的世俗智者」的恭維，因而後者以第八頁的話給予了回應。皮斯托留此後在對《實踐理性批判》的評論中又聯繫到康德的說明[89]。

4. 唯一在《實踐理性批判》本身中被提到名字的評判者（一四三頁）是湯瑪斯・魏岑曼，即一七八六年在萊比錫匿名出版的作品《雅各比哲學和孟德爾頌哲學的結果：一個志願者的批判研究》的作者，雅各比的一個密友和志同道合者，從雅各比與哈曼的書信往來中，人們對他有更詳細的瞭解。康德在《柏林月刊》上的文章〈什麼叫做在思維中確定方向？〉中（一七八六年，十月號），聯繫到了上述在當時備受關注的作品，而魏岑曼透過在

---

[87] 《德意志圖書彙報》，第六十六期，四四七頁以下。

[88] 同上書，九十二頁以下。

[89] 《德意志圖書彙報》，第一一七期，七十八頁以下，論及九十六頁。

《德意志博物館》[90]上發表的文章〈《雅各比哲學和孟德爾頌哲學的結果》的作者致康德教授先生〉做了回應。一段時間裡生活在彭佩福特的魏岑曼，於一七八七年二月二十二日卒於米爾海姆[91]——魏岑曼的提及與孟德爾頌和雅各比之間關於萊辛的斯賓諾莎主義的著名爭論有關。我們在一〇一頁與「本來很精明的孟德爾頌」的關聯中認識到這場爭論的另一種迴響；在那裡，如果人們不能決定採取批判主義的話，就要注意斯賓諾莎主義的結論（一〇二頁）。

---

[90] 一七八七年，第一期，一一六—一五六頁。

[91] 雅各比二月十二、十七日致哈曼，見基爾德邁斯特：《J. G. 哈曼的生平和著作》，一八五七年以下，第V卷，四五五頁。

目次

前言

爲什麼不把這個批判命名爲純粹實踐理性批判，而是乾脆命名爲一般實踐理性批判，儘管實踐理性與思辨理性的對應關係似乎要求前一個名稱，對此，這部論著給了充分的解釋。它應當闡明的只是存在著純粹的實踐理性，並且在這種意圖中批判其全部實踐能力。如果它做到了這一點，則它就不需要批判純粹的能力本身，就可以看出理性以這樣一種能力作爲一種純然的僭妄而超越了自己（就像在思辨理性那裡發生的那樣）。因爲如果它作爲純粹的理性而現實地是實踐的，那麼，它就透過這個事實證明了它以及它的概念的實在性，而否認它有這樣的可能性的一切玄想就都是徒勞了。

憑藉這種能力，從此也就確立了先驗的自由，而且是在絕對的意義上說的，其中思辨的理性在應用因果性概念時需要自由，以便拯救自己，擺脫它要在因果連結的序列中設想無條件者時就不可避免地陷入的二論背反；但它提出這一概念，只能是或然地，並非視其爲不可思維的，它並不保證這一概念的客觀實在性，而是僅僅爲了不因爲僞託它畢竟至少必須視其爲可思維的東西的不可能性，在其本質上受到攻擊，被拋入懷疑論的深淵。

自由的概念，就其實在性透過實踐理性的一條無可置疑的法則得到證明而言，如今構成了純粹理性的、甚至思辨理性的一個體系的整個大廈的拱頂石，而作爲純然的理念在思辨理性中依然沒有支撐的其他一切概念（上帝和不死的概念），如今就緊跟它，與它一起並透過它獲得了持存和客觀的實在性，也就是說，它們的可能性由於自由是現實的而得到了證明，因爲這個理念透過道德法則而顯示出來。

但是，在思辨理性的一切理念中，自由也是唯一我們先天地知道其可能性、但卻看不透的一個理念，因爲它是我們知道的道德法則的條件①。但是，上帝和不死的理念卻不是道德法則的條件，而只是一個由道德法則來規定的意志的必然客體的條件，亦即我們的純粹理性的純然實踐應用的條件。因此，對於那些理念，我不僅要說對於它們的現實性，而且就連它們的可能性，我們也不能聲稱認識和看透了。但儘管如此，它們卻是把道德上被規定的意志運用到其先天地被給予的客體（至善）的條件。因此就能夠並且必須在這種實踐的關係中假定它們的可能性，但卻不是在理論上認識和看透它們。對於這後一種要求來說，在實踐的意

4

---

① 當我現在把自由稱做道德法則的條件、而在後面的論述中斷言道德法則是我們唯有在其下才能意識到自由的條件時，爲了使人們在這裡不至於誤以爲發現了不一致，我要提醒的僅僅是，自由當然是道德法則的ratio essendi〔存在根據〕，但道德法則卻是自由的ratio cognoscendi〔認識根據〕。因爲如果不是在我們的理性中早就清楚地想到了道德法則，我們就絕不會認爲自己有理由去假定像自由這樣的東西（儘管自由並不自相矛盾）。但如果沒有自由，在我們裡面也就根本找不到道德法則。

圖中，它們不包含內在的不可能性（矛盾）就夠了。如今在這裡，視之爲眞的一種與思辨理性相比純然主觀的根據，畢竟對一種同樣純粹的、但卻是實踐的理性來說客觀有效，由此憑藉自由的概念使上帝和不死的理念獲得了客觀的實在性和許可權，甚至獲得了假定它們的主觀必要性（純粹理性的需要），但理性並沒有因此而在理論知識中得到擴展，而只是事先僅僅是問題、在這裡成了斷定的那種可能性被給予了，這樣就把理性的實踐應用與理論應用的諸要素連結起來了。而這種需要絕不是思辨的隨便哪一個意圖的假說性需要，即人們要想在思辨中上升到理性應用的完成就必須假定某種東西，而是一種合法則的需要，即假定某種東西，沒有這種東西，人們爲了自己行止的意圖而應當毫不馬虎地設定的東西就不可能發生了。

當然，不繞這個圈子就自己解決那些課題，並爲了實踐應用而把它們作爲洞識保存下來，會使我們的思辨理性更爲滿意；然而，我們的思辨能力卻從來不曾如此舒坦。自詡有這樣的高等知識的人，不應當祕而不宣，而應當把它們公開地展示出來以供核對和讚賞。他們想去證明，那麼好吧！他們盡可以去證明，而批判則把自己的全副裝備放到他們這些勝利者的腳邊。Quid statis? Nolint Atqui licet esse beatis.〔你們爲什麼裹足不前？他們不會願意。但還可以是幸福的。〕② ——因此，既然他們事實上不想，估計是因爲他們不能，我們

② 賀拉斯：《諷刺詩集》，I，一，十九。——科學院版編者注。

就只好再拿起那些裝備，以便在理性的道德應用中去尋找、並在這種應用之上建立思辨未給其可能性找到擔保的上帝、自由和不死的概念。

在這裡，爲什麼人們能夠否認思辨中諸範疇的超感性應用有客觀的實在性，卻就純粹實踐理性的客體而言承認它們有這種實在性，這一批判之謎也首次得到了澄清；因爲在此之前，只要人們僅僅按照名稱來瞭解這樣一種實踐的應用，上述情況就不可避免地看起來是不一致的。但現在，如果人們透過對後一種應用的完備分析而覺察到，上述實在性在這裡根本不是通向範疇的理論規定和知識朝向超感性事物的擴展，而是僅僅指它們在這種關係中到處都應有一個客體，因爲它們要麼先天地包含在必然的意志規定中，要麼與意志規定的對象不可分割地結合在一起，那麼，那種不一致就消失了，因爲人們對那些概念作了一種不同於思辨理性需要的應用。與此相反，如今展現出對思辨性批判的一貫思維方式的一種過去幾乎無法指望的非常令人滿意的證實，即由於這種批判再三提醒要把經驗的對象本身，其中甚至包括我們自己的主體都僅僅視爲顯象，儘管如此卻把物自身作爲它們的基礎，因而並不把一切超感性的東西都視爲虛構，把它們的概念都視爲空無內容的，所以，實踐理性現在就獨自地、不與思辨理性相約，就使因果性範疇的一個超感性的對象——亦即自由——獲得了實在性（儘管是作爲實踐的概念，也只是爲了實踐的應用），因而透過一個事實證實了在那裡只能被思維的東西。此際，思辨的批判的那個令人驚訝的、雖然也無可置疑的主張，即能思維的主體對它自己來說在內部直觀中也純然是顯象，在實踐理性的批判中也同時如此好地獲得了完全的證實，以至於即使思辨的批判根本不曾證明這個命題，人們也必定達到這種證實③。

由此我也就懂得了，爲什麼我迄今還在遭遇的對批判的最顯著的指責都在圍繞著兩個樞紐旋轉：也就是說，一方面是被用於本體的範疇在理論知識中被否定而在實踐知識中被肯定的客觀實在性；另一方面是那個悖謬的要求，亦即使自己作爲自由的主體成爲本體，但同時也在自然方面使自己成爲自己的經驗性意識中的現象。因爲只要關於道德和自由還沒有形成任何確定的概念，人們就不能猜出，一方面要把什麼作爲本體來當作所謂顯象的基礎，另一方面當事先把理論應用中純粹知性的一切概念都已經僅僅用於顯象時，是否在某個地方還有可能對本體形成一個概念。唯有對實踐理性的一種詳盡的批判才能消除這一切誤解，並澄清恰好構成實踐理性之最大優點的那種一貫的思維方式。

需要辯護的只是：爲什麼在這部著作中，純粹思辨理性的那些畢竟已經經受過特殊批判

③ 作爲自由的因果性透過道德法則而確立，作爲自然機械作用的因果性透過自然法則而確立，它們都是在同一個主體——亦即人——裡面確立的。但如果不把人與前者相關設想爲物自身，與後者相關設想爲顯象，在純粹的意識中設想前者，在經驗性的意識中設想後者，兩者的結合就是不可能的。不這樣做，理性與自身的矛盾就是不可避免的。

的概念和原理，在這裡時而又再次接受檢驗，這對於一門要建立的科學的系統進程來說通常是不太合適的（因爲已經被判定的事情只需引證，而不必再動它們了），但在這裡卻是允許的，甚至是必要的，因爲理性連同那些概念是在向另一種應用的過渡中被考察的，這種應用不同於理性在那裡對那些概念的應用。但是，這樣一種過渡使得舊應用與新應用的一種比較成爲必要，爲的是把新軌道與以前的軌道清楚地區別開來，同時說明它們的聯繫。因此，人們將把這種類型的考察，此外把再次、但卻是在純粹理性的實踐應用中針對自由概念的考察，不是看做例如應當僅僅用於塡補思辨理性的批判體系之漏洞的插敘（因爲這個體系就自己的意圖而言是完備的），也不是像在一棟倉促建造的房子那裡通常發生的那樣，在後面裝上支架和扶垛，而是看做使體系的聯繫清晰可見的眞實環節，爲的是使在那裡只能或然地設想的概念，如今可以在其實在的展現中被看透。這個提醒尤其涉及自由的概念，關於這個概念，人們必然驚訝地發覺，居然還有這麼多的人，只是在心理學的關係中考察了它，就自詡完全看透了它並能夠解釋它的可能性。然而，假如他們事先在先驗的關係中仔細地斟酌過這個概念，他們就既會認識到它作爲思辨理性的完備應用中的或然概念的不可缺少性，也會認識到它的完全不可理解性，而且，假如他們事後把它帶到實踐的應用上去，他們就必定會就這種應用的諸原理而言自己恰好想到這種應用的同一個規定，而往常他們並不樂意贊同這種規定。自由的概念對於一切經驗論者來說是絆腳石，但對於批判的道德論者來說卻也是最崇高的實踐原理的鑰匙。這些道德論者由此看出，他們不得不合理地行事。爲此，我請求讀者不要浮光掠影地忽略分析論結尾時關於這個概念所說的東西。

這樣一個體系，就它由純粹實踐理性從對它自己的批判發展出來而言，尤其是爲了不錯過體系的整體能夠被正確地勾畫由以出發的那個正確的觀點，所花費的辛勞是多還是少，我必須留待這一類工作的行家去評判。它雖然以《道德形而上學的奠基》爲前提條件，但只是就這部著作使人預先熟悉義務的原則、陳述和辯白義務的一個確定公式而言的④；除此之外，它是獨立自存的。至於沒有像思辨理性的批判所提供的那樣爲了完備性而附加上一切實踐科學的劃分，在這種實踐理性能力的性狀中也可找到這方面的有效根據。因爲把義務特別規定爲人類義務，以便對它們進行劃分，這唯有當這一規定的主體（人）按照他成爲現實所憑藉的性狀事先被認識到，雖然只是就一般義務而言在必要的範圍被認識到時，才是可能的；但這種規定不屬於一般實踐理性批判，後者只應當完備地說明實踐理性的可能性、其範圍和界限的原則，並不與人的本性有特別的關係。因此，該劃分在這裡屬於科學的體系，而

---

④ 一個想爲責難這部作品說點什麼的評論家，當他說這裡沒有提出任何新的道德原則，而只是提出了一個新的公式時，他比自己本來要說的意思更切中要害。但是，誰還要引入一切道德的某種新原理，並彷彿是首次發現它呢？就好像在他之前，世界在什麼是義務這一點上一無所知或者處於普遍的錯誤似的。但誰知道一個爲了遵循課題而完全精確地規定應當作什麼並不許出錯的公式對於數學家來說意味著什麼，他就不會把一個就一切一般義務而言做同樣一件事的公式視爲某種不重要的和多餘的東西了。

不屬於批判的體系。

那本《道德形而上學的奠基》的某位熱愛眞理且思想敏銳、因而畢竟永遠值得尊敬的評論家提出異議說，善的概念在那裡沒有先於道德原則而得到確定（依他所見，這本來是必要的）⑤，我希望，在分析論的第二章中予以滿足；同樣地，對於那些顯露出弄清眞理是掛在

⑤ 人們還可以對我提出這樣的異議：爲什麼我也沒有事先解釋欲求能力或者愉快情感的概念；儘管這種責難會是不公平的，因爲人們應當能夠公正地預設這種解釋是在心理學中已被給予的。當然，在那裡定義也可以這樣來建立，即愉快的情感被當作欲求能力的規定的基礎（就像通常實際上也往往如此發生一樣），但這樣一來，實踐哲學的最高原則就必然會以經驗性的方式失落，而這是首先應予澄清的，並在這個批判中受到了完全的拒斥。因此，我在這裡想這樣作出這種解釋，即它必須是爲了一開始就公正地把這一有爭議的問題擱置不論——生命是一個存在者按照欲求能力的法則去行動的能力。欲求能力是存在者透過其表象而是這些表象的對象之現實性的原因的能力。愉快是對象或者行動與生命的主觀條件相一致的表象，亦即與一個表象就其客體的現實性而言的因果性的能力（或者規定主體產生其客體的各種力量去行動的能力）相一致的表象。爲了批判從心理學借用的那些概念，我並不需要更多的東西，其餘的由批判本身提供。人們很容易看出，是愉快在任何時候都必須被當作欲求能力的基礎，還是它也在某些條件下僅僅繼欲求能力的規定而起，這個問題透過這一解釋仍然懸而未決；因爲它完全是由純粹知性的那些標誌，亦即不包含任何經驗性東西的範疇組合而成的。這樣一種謹愼在全部哲學中都是很值得推薦的，儘管如此卻經常被忽視，即不要透過冒失的定義搶

他們心頭之事的意願的人士，也考慮到了他們對我提出的其他一切異議（因爲只是盯著自己的舊體系、事先已決定應當贊同什麼和反對什麼的人們，畢竟不需要有可能妨礙他們的私人意圖的討論）；而且我也將繼續這樣做。

當涉及按照其來源、內容和界限對人類靈魂的一種特殊能力作出規定時，人們雖然只能按照人們知識的本性從這些知識的各個部分開始，從對它們精確的（就按照我們已經獲得的知識要素的目前狀況所可能的而言）、完備的展示開始。但還有第二種值得注意的東西，它更具有哲學和建築術的性質，即正確地把握整體的理念，並從該理念出發借助於在一種純粹理性能力中把一切部分從那個整體的概念中推導出來，而在其彼此之間的交互關係中把握那些部分。這種核對和保障唯有透過對體系的最內在的熟知才有可能，而那些就前一種探究而言就已經感到厭煩、因而認爲不值得花費力氣去獲得這種熟知的人，就達不到第二個階段，即綜合地返回事先分析地被給予的東西的那種綜覽；而且毫不奇怪，他們到處都發現不一致，儘管使人猜測這種不一致的漏洞並不是在體系本身之中，而是僅僅在他們自己不連貫

10

在對概念的完備分析之前就作出精確的判斷，這樣的分析經常很晚才達到。人們也將透過批判（既是理論理性的批判，也是實踐理性的批判）的整個進程發覺，在這一進程中有多種多樣的機會去彌補哲學古舊的獨斷進程中的某些缺陷，並糾正人們在對諸概念作涉及其整體的理性應用之前發現不了的錯誤。

的思路中被發現的。

就這部論著而言，我絲毫不擔心說它要引入一種新的語言的責難，因爲這種知識方式在此本身就是接近通俗性的。即便是就前一個批判而言，也沒有一個不是僅僅翻閱過該書、而是詳細研究過它的人贊同這種責難。在語言對於給定的概念來說已經不缺乏表述的地方去人爲地製造新的語詞，這是一種不透過新的眞實思想、但卻透過在給舊衣服打上新補丁來在眾人中間出風頭的幼稚努力。如果那部著作的讀者們知道有比那些表述在我看來更通俗的表述，但卻同樣適合於思想，或者他們敢於說明這些思想本身、因而每一個表示思想的表述同時是無意義的，那麼，他們透過前者將會使我心存感激，因爲我只求被理解，但就後者而言，他們就爲哲學作出了貢獻。但只要那些思想還站得住，我就很懷疑爲它們還可以找出更合適但又更通用的表述⑥。

---

⑥ 我在這裡有時（比那種不理解）更爲擔憂的是對一些表述的誤解，我極爲謹愼地挑選出這些表述，爲的是它們所指的概念不被弄錯。因此，在**實踐**理性的範疇表中模態這一標題之下，允許和不允許與接下來的範疇義務和違背義務，在通常的語言應用中具有幾乎同等的意義；但在這裡，前者應當意味著與一個純然可能的實踐規範相一致或者相牴觸的東西（就像幾何學和力學的一切問題的解決那樣）；後者則應當意味著與一個現實地存在於一般理性裡面的法則處於這樣的關係之中的東西；而這種涵義的區分即便對於通常的語言應用來說也並不完全陌生，儘管有些不習慣。所以，例如對於一位演說家本身來說，鍛造新的語詞或者語詞搭配是

以這種方式，心靈的兩種能力，亦即認識能力和欲求能力的先天原則從現在起就已查明，並根據其應用的條件、範圍和界限得到了規定，而由此就爲一種作爲科學的系統的、既是理論的也是實踐的哲學奠定了更爲可靠的基礎。

12

不允許的；對於詩人來說，這在某種程度上是允許的；此處在雙方的任何一方那裡都沒有讓人想到義務。因爲誰想毀掉自己演說家的名聲，沒有人能夠阻止他。這裡只涉及命令式在或然的、實然的和必然的規定根據之下的區分。同樣地，我在使不同的哲學派中的實踐完善性的道德理念相互對立起來的那個附釋中，把智慧的理念與神聖的理念區分開來，儘管我甚至在根本上和客觀上把它們解釋爲一回事。不過，我在這個地方所指的只是人（斯多亞派）自以爲擁有的、因而被主觀地捏造成人的屬性的智慧（也許斯多亞派大爲炫耀的德性這個表述能夠更好地表現這個學派的特點）。但是，純粹實踐理性的公設這個表述，如果人們把它與純粹數學的公設所具有的、本身帶有無可置疑的確定性的涵義混爲一談的話，還是極易引起誤解的。但是，純粹數學的公設所設立的是一種行動的可能性，這種行動的對象，人們先天地在理論上以完全的確定性預先認識到是可能的。而純粹實踐理性的公設所設立的則是一個對象（上帝和靈魂不死）本身出自無可置疑的實踐法則的可能性，因而是爲了一種實踐理性設立的；因爲所設立的可能性的這種確定性根本不是在理論上、因而也不是無可置疑地、亦即不是就客體而言被認識到的必然性，而是就主體而言爲了遵循實踐理性的客觀的、但卻是實踐的法則而必要的假設，所以是純然必要的假說。對於這種主觀的、但卻眞實而又無條件的理性必要性，我無法找出更好的表述。

但是，對於這些努力來說，也許不可能遇到比有人出乎意料地發現任何地方都不存在、也不可能存在先天的知識更爲糟糕的事情了。但這沒有什麼關係。這就好像是有人想要透過理性來證明不存在理性一樣。因爲我們只是說，如果我們意識到，某種東西即使沒有如此在經驗中出現在我們面前，我們也能夠知道它，那麼，我們就是透過理性而認識到它；因此，理性知識和先天知識是一回事。要從一個經驗命題榨取必然性（ex pumice aquam〔從石頭中榨取水〕）⑦，還要借助這種必然性爲一個判斷謀取眞正的普遍性（沒有這種普遍性，就沒有理性推理，因而也就沒有出自類比的推理，類比是一種至少推測到的普遍性和客觀的必然性，所以總還是以眞正的普遍性爲前提條件），這是不折不扣的自相矛盾。用主觀的必然性——亦即習慣——來偷換僅僅在先天判斷中出現的客觀必然性，意味著否認理性有對對象作出判斷的能力，亦即否認理性有認識對象和應歸於對象的東西的能力，例如，對於經常和總是跟隨某個先行狀態的東西，不可以說人們能夠從該狀態推論出那種東西（因爲這就會意味著客觀的必然性和關於一種先天連結的概念），而是只可以（以與動物類似的方式）期待類似的情況，亦即在根本上把原因概念當作虛假的和純然的思想欺騙而予以拋

⑦ 諺語：向某人要求他依照本性不能提供的東西。——普拉圖斯：《波斯人》，I，一，四十二。——科學院版編者注

棄。要想透過說人們畢竟看不出任何理由賦予其他理性存在者以另外一種表象方式，來彌補客觀有效性和由此而來的普遍有效性的這種缺乏，假如這提供了一個有效的推論的話，我們的無知就會比一切深思更有助於擴展我們的知識了。因爲單是由於我們不瞭解除人之外的其他理性存在者，我們就會有權利假定他們具有如我們在自己身上認識到的那種性狀，也就是說，我們就會現實地瞭解他們。我在這裡甚至不提，不是視之爲眞的普遍性證明了一個判斷的客觀有效性（也就是說，它作爲知識的有效性），而是即便那種普遍性偶然言中，這也畢竟不能提供與客體相一致的證明；毋寧說，唯有客觀有效性才構成一種必然的普遍贊同的根據。

對於這個普遍經驗論的體系，休謨⑧會在各個原理中感到很愜意；因爲眾所周知，他所要求的無非是在原因概念中不要必然性的任何客觀涵義，而是假定一種純然主觀的涵義，亦即習慣，以便否定理性關於上帝、自由和不死的一切判斷；而且他肯定善於這樣做，爲的是只要人們承認他的這些原則，就以一切邏輯上的確鑿性從中推出結論來。但是，甚至休

---

⑧ 康德的意見，即休謨把數學命題視爲分析的和無可置疑的（十三、五十二頁），基於休謨的《人類理解研究》，第IV章。但是，在該著的第XII章中，暗示著對此的懷疑，而且在更早的、更詳細的著作，即《人性論》中，休謨至少明確地把幾何學的命題視爲綜合的和依賴於經驗的，因而不是無可置疑的。據此，康德不瞭解或者沒有更仔細地注意更早的著作。——科學院版編者注

謨也沒有使得經驗論如此普遍，以便把數學也包括在內。他把數學的命題視爲分析的，而假如這樣做有道理的話，這些命題實際上也就會是無可置疑的，儘管如此卻不能從中得出結論說，理性有能力也在哲學中作出無可置疑的判斷，亦即作出無可置疑的綜合判斷（例如因果性的命題）。但如果人們假定這些原則的經驗論是普遍的，數學也就會因此而被納入其中。

現在，既然數學與只允許經驗性原理的那種理性陷入了衝突，例如這在二論背反中就是不可避免的，此時，數學無可辯駁地證明了空間的無限可分性，而經驗論卻不能允許這種無限可分性，所以，證明的最大可能的自明性就與據稱出自經驗原則的推論處於明顯的矛盾中，於是人們就不得不像切澤爾登的盲人⑨那樣發問：是什麼在欺騙我？是視覺還是觸覺？（因爲經驗論建立在一種被感知到的必然性之上，而理性論則建立在一種被洞見到的必然性之上。）這樣，普遍的經驗論就表現爲眞正的懷疑論，人們不對意指加以限制就把懷疑論歸

---

⑨ 康德可能是透過克斯特納（Kästner）對史密斯（Rob. Smith）的《光學的完備學術概念》（一七五五年）的改編而得知解剖學家W.切澤爾登關於一個經過手術的盲人的報告，史密斯的書清晰地複述了這個報告。——科學院版編者注

14 於休謨是錯誤的⑩，因爲他至少還在數學那裡留下了經驗的一塊可靠的試金石，而懷疑論則完全不允許有經驗的任何試金石（這種試金石永遠只能在先天原則中找到），儘管經驗畢竟不是僅僅由感覺、而且也是由判斷構成的。

不過，既然在這個哲學的和批判的時代，很難認眞地主張那種經驗論，它也許只是爲了練習判斷力，以及爲了透過對比而更爲清晰地揭示理性的先天原則的必然性才提出來的，所以，對於願意費力從事這種通常的確沒有教益的工作的人，人們還是會心存感激的。

---

⑩ 標示一個宗派的追隨者的名稱在任何時候都帶有許多曲解；當有人說某某是一個理念論者的時候，大約就是這樣。因爲即使他不僅完全承認，而且堅決主張，與我們對外部事物的表象相對應的是外部事物的現實對象，他也還是希望外部事物的直觀形式並不依附這些對象，而是僅僅依附我們的心靈。

導論：一種實踐理性批判的理念

理性的理論應用關注的是純然認識能力的對象，而關於這種應用的理性批判眞正說來所涉及的只是純粹的認識能力，因爲這種能力激發了以後也得以證實的懷疑，即它很容易越過自己的界限，迷失在無法達到的對象，或者甚至是相互衝突的概念中間。理性的實踐應用則已經是另外一種情況。在這種應用中，理性關注的是意志的規定根據，意志是一種要麼產生出與表象相符合的對象、要麼規定自己本身去造成對象（無論自然能力是否充足），亦即規定自己的因果性的能力。因爲在這裡，理性至少能夠達到對意志的規定，並且就事情僅僅取決於意願而言，總是具有客觀的實在性。因此，這裡的第一個問題是：是純粹理性獨自就足以對意志作出規定，還是它唯有作爲經驗性上有條件的理性才能是意志的規定根據。如今，這裡出現了一個由純粹理性的批判作出辯護的、雖然不能作出任何經驗性描述的因果性概念，亦即自由的概念，而且如果我們現在能夠找到根據去證明，這種屬性事實上應歸於人的意志（而且也應歸於一切有理性的存在者的意志），那麼，由此就不僅說明了純粹理性能夠是實踐的，而且說明了唯有純粹理性、而不是經驗性上受限制的理性，才是無條件地實踐的。因此，我們將要探討的就不是一種純粹實踐理性的批判，而只是一般實踐理性的批判。因爲只要闡明了有純粹理性，純粹理性就不需要任何批判。純粹理性自身就包含著對它的一切應用進行批判的準繩。因此，一般實踐理性的批判有責任去阻止經驗性上有條件的理性以排他的方式想要獨自提供意志的規定根據的僭妄。純粹理性的應用，唯有當確定無疑有這樣一種理性的時候，才是內在的；與此相反，自以爲能夠獨裁的經驗性的有條件的應用則是超驗的，它表現在完全超出自己的領域的要求和命令中。這與關於思辨的應用中的純粹理性所能說的東西，恰恰是顚倒過來的關係。

然而，既然總還是純粹理性的知識在這裡爲實踐的應用奠定基礎，所以，一種實踐理性的批判的劃分在總的綱要上還必須按照思辨理性的批判來安排。因此，我們將必須有一個實踐理性的要素論和一個實踐理性的方法論，在作爲第一部分的要素論中有一個分析論來作爲眞理規則，並有一個辯證論來作爲實踐理性判斷中的幻相的描述和解決。不過，分析論的再劃分的次序又將與純粹思辨理性批判中的次序相反。因爲在目前的批判中，我們將從原理開始前進到概念，而從概念出發才在可能的情況下前進到感覺；與此相反，在思辨理性那裡，我們必須從感覺開始並在原理那裡結束。這裡的根據又是在於：我們現在必須探討的是一種意志，而且必須不是在與對象的關係中、而是在與這種意志及其因果性的關係中來考慮理性，因爲必須是經驗性上無條件的因果性的原理來開頭，然後才能去嘗試確立我們關於這樣一種意志的規定根據、關於上述原理在對象上的應用、最後關於它們在主體及其感性上的應用的概念。出自自由的因果性的法則，亦即任何一個純粹實踐的原理，在這裡都不可避免地成爲開端，並規定著唯有它才能涉及的那些對象。

第一篇 純粹實踐理性的要素論

第一卷 純粹實踐理性的分析論

第一章 純粹實踐理性的諸原理

第一節　解說

實踐的諸原理是那些包含著意志的一個普遍規定的命題，這個規定在自身之下有更多的實踐規則。如果條件僅僅被主體視爲對他自己的意志有效的，那麼，這些原理就是主觀的，或者是一些準則；但如果條件被認識爲客觀的，亦即對每一個有理性的存在者的意志都是有效的，那麼，這些原理就是客觀的，或者是一些實踐的法則。

附釋

如果人們假定，純粹理性能夠在自身中包含著一個實踐的、亦即足以規定意志的根據，那麼，就存在著實踐的法則；但如果不是這樣，那麼，一切實踐的原理都將是純然的準則。在一個理性存在者以病理學的方式受到刺激的意志中，可以發現有種種準則與他自己認識到的實踐法則的一種衝突。例如，某人可以把有辔必報當作自己的準則，但同時又看出這並不是實踐的法則，而僅僅是他的準則；與此相反，作爲對每一個理性存在者的意志來說的規則，就會在同一個準則中與自己本身不一致。在自然知識中，所發生的事情的原則（例如在運動的傳遞中作用與反作用相等的原則）同時就是自然的法則；因爲理性的應用在那裡是理論的，是由客體的性狀規定的。在實踐的知識中，亦即在僅僅涉及意志的規定根據的知識中，人們爲自己制定的那些原理還並不因此就是他不可避免地服從的法則，因爲理性在實踐事務中所涉及的是主體，亦即欲求能力，而規則會以多種多樣的方式來遵從欲求能力的特殊性狀。實踐的規則在任何時候都是理性的產物，因爲它以結果爲目的，把行動規定爲達到結果的手段。但是，對於一個不完全僅僅以理性爲意志的規定根據的存在者來說，這種規則就是一個命令式，亦即以一個表示行動的客觀必要性的應當爲標誌的規則，並且意味著如果理性完全規定著意志，則行動就會不可避免地按照這個規則發生。因此，這些命令式被視爲客觀的，並且完全不同於作爲主觀原理的準則。但是，這些命令式要麼僅僅就結果和達成結果的充足性而言來規定理性存在者的作爲作用因的因果性的條件，要麼只規定意志，不管它是否足以達成結果。前一些命令式將會是假言命令式，僅僅包含技巧的規範；與此相反，後一些命令式將會是定言的，唯有它們是實踐的法則。因此，準則雖然是原理，但卻不是命令式。但是，如果命令式本身是有條件的，亦即不是把意志完全當作意志來規定，而是就一種被欲求的結果而言來規定，也就是說，是一些假言命令式，那麼，它們雖然是實踐的規範，但卻不是法則。法則必須在我問自己是否在根本上具有達成一個被欲求的結果所要求的能力，或者爲了產生這一結果我必須做什麼之前，就足以把意志當作意志來規定，因而是定言的，否則就不成其爲法則：因爲它們沒有這樣一種必然性，這種必然性要想是實踐的，就必須不依賴於病理學的、從而偶然地附著於意志的條件。例如，如果有人說，他在年輕時必須工作和節儉，以免年老時窮困，那麼，這就是意志的一條正確的、同時又是重要的實踐規範。但是，人們很容易看出，意志在這裡被指向了某種別的東西，即人們預設它在欲求的某種東西，而人們不必過問他這個行動者本人的這一欲求，是他在他自己掙來的財產之外還指望有別的資助來源，還是他根本不希望活到老，或者是想在將來處於困境時可以對付著過。唯一能夠從中產生出應當包含著必然性的一切規則的那種理性，雖然也把必然性置於它的這個規範之中（因爲若不然，它就會不是命令式了），但這種必然性卻只是主觀上有條件的，而且人們不可以在所有的主體裡面以同樣的程度來預設這種必然性。但是，理性的立法所要求的卻是它只需要以它自己本身爲前提條件，因爲規則唯有在它無須把一個理性存在者與別的理性存在者區分開來的偶然的、主觀的條件有效時，才是客觀的和普遍有效的。現在，如果告訴某人他絕不應當用謊言來承諾，那麼，這就是一個僅僅涉及他的意志的規則；不管此人可能懷有的意圖是否能夠透過這個意志來達到，純然的意願就是應當透過那個規則完全先天地予以規定的東西。如果現在發現這個規則在實踐上是正確的，那麼，它就是一個法則，因爲它是一個定言命令式。所以，實踐的法則僅僅與意志相關，而不管透過意志的因果性做到了什麼，而且爲了純粹地擁有法則，人們可以把那種因果性（作爲屬於感官世界的東西）抽掉。

第二節　定理一

凡是把欲求能力的一個客體（質料）預設爲意志的規定，根據的實踐原則全都是經驗性的，不能充當任何實踐法則。

我把欲求能力的質料理解爲一個其現實性被欲求的對象。現在，如果對這個對象的欲求先行於實踐的規則，並且是使實踐的規則成爲自己的原則的條件，那麼我就說（第一）：這個原則在這種情況下，任何時候都是經驗性的。因爲這樣一來，任性的這一規定根據就是一個個體的表象和這個表象與主體的一種關係，透過這種關係，欲求能力被規定去實現這個客體。但是，與主體的這樣一種關係就叫做對一個對象的現實性感到的愉快。因此，這種愉快必然被預設爲對任性作出規定的可能性的條件。但是，對於任何一個對象的表象，無論它是什麼樣的，都不能先天地認識到，它是與愉快相結合、還是與不快相結合，或者它是不相干的。因此，在這樣一種情況下，任性的規定根據在任何時候都必然是經驗性的，從而把這個規定根據預設爲條件的那個實踐的質料原則也必然是經驗性的。

現在，既然（第二）一個僅僅建立在一種愉快或者不快（它在任何時候都能夠被經驗性地認識，而不能對一切有理性的存在者都以同樣的方式有效）的易感性的主觀條件之上的原則，雖然對於擁有這種愉快或者不快的主體來說可以充當準則，但卻不可以也對這種愉快或者不快本身來說（因爲這原則缺乏必須被先天地認識到的客觀必然性）充當法則，所以，這樣一個原則絕不能充當一個實踐的法則。

第三節　定理二

一切質料的實踐原則，本身全都具有同一種性質，都隸屬於自愛或者自己的幸福的普遍原則之下。

出自一個事物的實存的表象的愉快，就它應當是對這個事物的欲求的規定根據而言，建立在主體的易感性之上，因爲它依賴於一個對象的存在，所以，它屬於感官（情感），而不屬於知性，知性按照概念來表達表象與一個客體的關係，而不是按照情感來表達表象與主體的關係。因此，只有當主體從對象的現實性那裡所期待的愜意的感受規定著欲求能力的時候，愉快才是實踐的。但現在，一個有理性的存在者對於不斷地伴隨著他的整個存在的那種生活愜意的意識，就是幸福，而使幸福成爲任性的最高規定根據的原則，就是自愛的原則。所以，一切把任性的規定根據設定在從某一個對象的現實性那裡可以感受到的愉快或者不快之中的質料原則，就此而言完全具有同一種性質，即它們全都屬於自愛或者自己的幸福的原則。

推論

一切質料的實踐規則都把意志的規定根據設定在低級的欲求能力之中，而且，假如根本沒有充分規定意志的純然形式的法則，那麼，也就沒有任何高級的欲求能力能夠得到承認了。

附釋一

人們必然會覺得奇怪，何以一些通常很機敏的人士會相信，從與愉快的情感相結合的諸表象是起源自感官還是起源自知性，就可以找到低級欲求能力和高級欲求能力之間的一種區別。因爲當人們追問欲求能力的規定根據，並將這些規定根據設定在從某種東西那裡期待的愜意之中的時候，事情根本不取決於這個令人快樂的對象的表象來自何處，而是僅僅取決於它令人快樂到何種程度。如果一個表象，即使它無論如何也在知性中有其位置和起源，也只能透過以主體中的一種愉快的情感爲前提條件來規定任性，那麼，它要成爲任性的規定根據，就完全依賴於內部感官的如下性狀，即內部感官能夠由此而受到愜意的刺激。對象的表象盡可以歸屬如此不同的類別，盡可以是與感官的表象相對立的知性的表象，甚至是理性的表象，但它們眞正說來構成意志的規定根據所憑藉的愉快情感（愜意、人們從推動著創造客體的活動的東西中所期待的快樂），卻具有同一種性質，這不僅是就它在任何時候都只能被經驗性地認識而言的，而且也是就它刺激起表現在欲求能力中的同一種生命力，並在這一關係中除了在程度上之外，與任何別的規定根據都不可能有任何差異而言的。若不然，人們將如何能夠在兩個就表現方式而言完全不同的規定根據之間依照大小作出比較，來更喜歡那最能刺激起欲求能力的規定根據呢？同一個人，可以把他只到手一次的一本對他富有教益的書未經閱讀就退還，以免耽誤打獵；可以在一場精采的講演的中途就退場，以免進餐時遲到；可以拋開由他通常很看重的理性交談而來的消遣，爲的是坐到牌桌旁；甚至可以拒絕他通常很樂意周濟的一個窮人，因爲他現在口袋裡剩下的錢，剛好夠買一張喜劇門票所用。如果意志的規定所依據的是從某一個原因所期待的愜意或者不愜意的情感，那麼，他透過哪一種表象方式受到刺激，這對他來說是完全無所謂的。唯有這種愜意有多麼強烈、多麼持久、多麼容易獲得且經常重複，才是他爲了決定作出選擇而關心的。就像對於爲了支出而需要金錢的人來說，只要這金錢到處都以同樣的價值被接受，則這金錢的材料亦即金子是從山裡挖出來的、還是從沙裡淘出來的，是完全無所謂的一樣，如果一個人僅僅關心生活的愜意，他就不會問是知性表象還是感官表象給他帶來快樂，而是只問這些表象在最長的時間裡給他帶來多少和多大的快樂。唯有想要否認純粹理性有能力無須以任何一種情感爲前提條件就規定意志的那些人，才會如此遠離他們自己的解釋而誤入歧途，把他們自己在此前歸爲同一種原則的東西，在後來卻解釋爲完全不同類的。例如可以發現，人們也能夠僅僅由於力量的運用、由於在克服與我們的決心相對立的障礙時對自己的精神力量的意識、由於對精神天賦的陶冶等感到快樂，而且我們有理由把這稱爲更高尚的樂趣和愉悅，因爲它們比其他樂趣和愉悅更爲我們所控制而不致耗損，毋寧說強化著還要更多地享受它們的情感，並且在使其愉悅的同時也陶冶它。然而，由於它們畢竟曾爲了那些快樂的可能性而把我們裡面的一種關注於此的情感預設爲這種滿意的首要條件，把它們冒充爲與僅僅透過感官而不同的規定意志的方式，就恰如那些熱衷於在形而上學中敷衍了事的無知之徒，他們設想物質如此精細，如此過於精細，以至於他們自己都要對此感到眩暈，於是就相信自己以這種方式臆想出了一種精神的、但卻有廣延的存在者。如果我們和伊比鳩魯一起，在德性上僅僅聽憑它所許諾的快樂來規定意志，那麼，我們就不能此後又指責他，說他把這種快樂與那些最粗劣的感官的快樂看做是完全同樣的；因爲人們根本沒有理由諉過於他，說他把我們心中的這種情感被激發起來所憑藉的那些表象僅僅歸於肉體感官了。就人們所能猜到的而言，他同樣曾在更高的認識能力的應用中來爲這些表象中的許多尋找來源；但是，這並不妨礙、也不能妨礙他按照上述原則把那些或許是理智的表象提供給我們的、而這些表象亦唯有借此才能夠是意志的規定根據的那種快樂本身完全看做是同樣的。一以貫之是一個哲學家的最大責任，但這卻鮮有發現。古代希臘各學派在這方面給我們提供的實例，比我們在我們這個折中主義的時代所發現的更多。在這個時代，各種互相矛盾的原理的某個聯盟體系被極其虛僞和膚淺地做作出來，因爲它更適合於一個滿足於對一切都知道一點、對整體一無所知、但卻對一切都能應付自如的公眾。自身幸福的原則，無論在它那裡使用了多少知性和理性，對於意志來說畢竟只包含有與低級的欲求能力相適合的規定根據，因而要麼根本不存在高級的欲求能力，要麼純粹理性必須單就自身而言就是實踐的，也就是說，僅僅透過實踐規則的形式就能夠規定意志，無須以任何一種情感爲前提條件，因而無須愜意或者不愜意的表象，愜意或者不愜意是欲求能力的質料，這種質料在任何時候都是原則的一種經驗性的條件。然而在這種情況下，理性唯有爲自己本身來規定意志（不是爲偏好效力），才是在病理學上可規定的欲求能力所從屬的一種眞正的高級欲求能力，並且現實地、甚至在種類上與前一種欲求能力有別，以至於哪怕與偏好的衝動有絲毫的混雜，都會損害理性的強大和優越，就像把絲毫經驗性的東西當作數學證明的條件，就會降低和消除這一證明的尊嚴和堅定性一樣。理性在一個實踐法則中直接規定意志，並不借助參與其間的愉快和不快的情感，哪怕是對這一法則的愉快和不快的情感，而是唯有它作為純粹理性就能夠是實踐的這一點，才使它有可能是立法的。

附釋二

成爲幸福的，這必然是每一個有理性但卻有限的存在者的要求，因而也是他的欲求能力的一個不可避免的規定根據。因爲他對自己的整個存在的滿意絕不是一種原始的財產，不是以他的獨立自立性的意識爲前提條件的永福，而是一個由他的有限本性本身強加給他的問題，因爲他有需要，而且這種需要涉及他的欲求能力的質料，亦即與一種主觀上作爲基礎的愉快或者不快的情感相關的東西，由此，他爲了對自己的狀態感到滿意而需要的東西就得到了規定。但正是由於這個質料性的規定根據只能被主體經驗性地認識，所以就不可能把這項任務視爲一個法則，因爲法則在一切場合、對一切有理性的存在者都是客觀的，必然包含著意志的同一個規定根據。因爲儘管幸福的概念到處都是客體與欲求能力的實踐關係的基礎，但它卻畢竟只是主觀的規定根據的普遍稱號，並不特別地規定任何東西，而這卻是在這一實踐的任務中唯一涉及的東西，而且沒有這樣的規定，這個實踐的任務就根本不能得到解決。也就是說，每個人要把自己的幸福設定在何處，取決於每個人自己特殊的愉快和不快的情感，甚至在同一個主體裡面也取決於根據這種情感的變化而各不相同的需要，因此，一個主觀上必然的法則（作爲自然法則），在客觀上就是一個極其偶然的實踐原則，它在不同的主體中可以而且必然是很不同的，所以永遠不能充當一個法則，因爲就對幸福的欲望來說，事情並不取決於合法則性的形式，而是僅僅取決於質料，亦即我在遵循法則時是否可以期望得到快樂，以及可以期望得到多少快樂。自愛的原則雖然能夠包含技巧（爲意圖找到手段）的普遍規則，但在這種情況下，它們就只是一些理論的原則①（例如，想吃麵包的人就必須想出一副磨子來）。然而，基於這些原則的實踐規範絕不可能是普遍的，因爲欲求能力的規定根據是基於愉快和不快的情感的，這種情感絕不能被當作普遍地指向同一些對象。

但是，即便假定有限的理性存在者也就他們必須當作他們的快樂或者痛苦的情感的客體的東西而言，同樣甚至就他們爲了達到快樂和防止痛苦而必須利用的手段而言，都想得完全一樣，自愛的原則也仍將完全不能被他們冒充爲任何實踐的法則，因爲這種一致本身畢

① 一些命題在數學或者自然學說中被稱爲實踐的，眞正說來它們應當叫做技術的。因爲這些學說根本不與意志規定相關；它們只是表明可能行動的那種足以產生某種結果的雜多而已，因而與所有那些表述原因與一個結果的連結的命題一樣，都是理論的。誰願意有結果，他就必須容忍有原因。

竟只是偶然的。這個規定根據一直還會只是主觀有效的和純然經驗性的，並不會具有在每一個法則中所設想的那種必然性，亦即出自先天根據的客觀必然性；除非人們根本不把這種必然性冒充爲實踐的，而是冒充爲純然物理的，亦即這行動是由我們的偏好不可避免地強加給我們的，就如同我們看到別人打哈欠時打哈欠一樣。人們寧可主張根本就不存在實踐的法則，而是只有爲了我們的欲望起見的建議，也不能主張把純然主觀的原則提升到實踐法則的等級，後者擁有完全客觀的、並非僅僅主觀的必然性，並且必須透過理性先天地來認識，而不是透過經驗來認識（無論這種經驗在經驗性上如何普遍）。甚至那些一致的現象的規則被稱爲自然法則（例如，力學法則），也只是當人們要麼實際上先天地認識它們，要麼畢竟（如對於化學法則來說）假定如果我們的洞識更加深刻，就會先天地從客觀根據出發認識它們的時候。不過，對於那些純然主觀的實踐原則來說，被明確地當作條件的是，必須被當作它們的基礎的，不是任性的客觀條件，而是任性的主觀條件，因此，它們在任何時候都只能被當作純然的準則，但絕不能當作實踐的法則來說明。這後一個附釋乍一看顯得是純然的咬文嚼字，但它卻是對唯有在實踐的研究中才能予以考察的極爲重要的區別的語詞規定。

第四節　定理三

如果一個有理性的存在者應當把他的準則設想爲實踐的普遍法則，那麼，他就只能把這些準則設想爲這樣一些原則，它們不是按照質料，而是僅僅按照形式包含著意志的規定根據。

一個實踐原則的質料是意志的對象。這個對象要麼是意志的規定根據，要麼不是。如果它是意志的規定根據，那麼，意志的規則就會服從一個經驗性的條件（服從作出規定的表象與愉快和不快的情感的關係），從而就不是實踐的法則。如今，如果人們抽掉一切質料，亦即意志的任何對象（作爲規定根據），那麼，除了一種普遍的立法的純然形式之外，一個法則就不剩下什麼東西了。因此，一個有理性的存在者，要麼根本不能把他的主觀實踐的原則亦即準則同時設想爲普遍的法則，要麼必須假定這些準則的純然形式，即它們適宜於普遍立法所依據的形式，獨自就使它們成爲實踐的法則。

附釋

準則中的哪種形式適宜於普遍的立法，哪種形式不適宜於普遍的立法，普通的知性無須指導也能夠作出分辨。例如，我把用一切可靠的手段擴大我的財產當作我的準則。現在，我手頭有一件寄存物，它的所有者已經去世，而且沒有留下這方面的任何字據。這當然就是我的準則所喜歡的。現在我想知道的只是，那條準則是否也可以被視爲普遍的實踐法則。因此，我把那條準則運用於當前的事例，並且問，它是否能夠取得一條法則的形式，因而我是否能夠透過我的準則給出這樣一條法則：每個人都可以否認一件無人能夠證明是存放在他這裡的寄存物。我馬上就發覺，這樣一條原則作爲法則將會取消自己本身，因爲它將會使得根本不存在寄存物。我爲此所認識的實踐法則必須獲得普遍立法的資格；這是一個同一命題，因而是自明的。如果我現在說：我的意志服從一條實踐法則，那麼，我就不能援引我的偏好（例如在當前事例中我的占有欲）來作爲意志的適合做一條普遍的實踐法則的規定根據，因爲這種偏好並不能適宜於某種普遍的立法，毋寧說它必定在一條普遍的法則的形式中耗盡自身。

因此奇怪的是，一些明理的人士怎麼會由於對幸福的欲望，因而還有每個人把幸福設定爲自己的意志的規定根據所憑藉的準則是普遍的，就想到由此把它冒充爲一條普遍的實踐法則。因爲既然一條普遍的自然法則通常都使一切相一致，所以在這裡，如果人們要賦予準則以一條法則的普遍性，就恰恰會導致與一致性的極端對立，導致準則本身與其意圖的嚴重衝突和完全毀滅。因爲在這種情況下，所有人的意志並不具有同一個客體，而是每一個人都有他自己的客體（他自己的福利），這個客體雖然也能夠與其他人的同樣是針對其自身的意圖偶然相合，但還不足以成爲法則，因爲人們有權偶爾作出的例外是無窮無盡的，根本不能被確定地包含在一條普遍的規則中。以這種方式，就出現了一種和諧，它類似於某首諷刺詩中關於一對自殺夫婦的情投意合所描述的和諧：「啊，美妙的和諧！他想要的，亦是她想要的」等等；或者人們關於國王法蘭西斯一世面對皇帝查理五世的自命自許所講述的：「我的兄弟查理所想要的（米蘭），亦是我想要的。」經驗性的規定根據不適宜於任何普遍的外部立法，但也同樣不適宜於內部的立法，因爲每個人都以自己的主體作爲偏好的根據，另一個人則以另一個主體作爲偏好的根據，而在每一個主體本身中時而是這個偏好，時而是另一個偏好占有影響的優勢。要找出一條法則把這些偏好全都統轄在這個條件下，亦即所有各方面都協調一致，是絕對不可能的。

第五節　課題一

假設唯有準則的純然立法形式才是一個意志的充足規定根據，課題是找到唯有因此才能被規定的意志的性狀。

既然法則的純然形式只能由理性來表現，因此不是感官的對象，故而也不屬於顯象，所以，它的表象作爲意志的規定根據就不同於按照因果性法則的自然中的種種事件的一切規定根據，因爲在這些事件中，進行規定的根據自身必須是顯象。但如果沒有意志的任何別的規定根據，而只有那個普遍的立法形式能夠對於意志來說充當法則，那麼，這樣一個意志就必須被設想爲完全獨立於顯象的自然法則，亦即獨立於因果性法則，進一步說獨立於前後相繼法則。但這樣一種獨立性在最嚴格的，亦即先驗的意義上就叫做自由。因此，唯有準則的純然立法形式才能夠充當其法則的意志，就是一個自由意志。

第六節　課題二

假設一個意志是自由的，課題是找出唯一適宜於必然規定意志的法則。

既然實踐法則的質料，亦即準則的一個客體，永遠只能經驗性地被給予，但自由意志作爲獨立於經驗性的（亦即屬於感官世界的）條件的，卻仍然必須是可規定的，所以，一個自由意志，獨立於法則的質料，卻仍然必須在法則中找到一個規定根據。但是，除了法則的質料之外，在法則中所包含的就無非是立法的形式了。因此，立法的形式只要包含在準則中，它就是唯一能夠構成意志的一個規定根據的東西。

附釋

因此，自由和無條件的法則是彼此相互回溯的。我在這裡並不問：它們是否也在事實上各不相同，不是毋寧說，一個無條件的法則純然是一個純粹實踐理性的自我意識，而純粹實踐理性則與自由的積極概念完全是一回事；而是要問：我們對無條件實踐的東西的認識是從哪裡開始的，是從自由開始，還是從實踐法則開始。從自由開始是不可能的，原因在於，我們既不能直接地意識到自由，因爲它的最初概念是消極的，也不能從經驗推論到自由，因爲經驗給予我們供認識的只是顯象的法則，從而只是自然的機械作用，這恰恰是自由的對立面。因此，正是我們（一旦我們爲自己擬定意志的準則就）直接意識到的道德法則，才最先呈現給我們，並且由於理性把它表現爲一個不能被任何感性條件勝過的，甚至完全不依賴於這些條件的規定根據，而恰好導向自由概念。但是，對那個道德法則的意識又是如何可能的呢？我們能夠意識到純粹的實踐法則，就像我們意識到純粹的理論原理一樣，因爲我們注意到理性給我們規定它們所用的必然性，而且注意到理性向我們指出的對一切經驗性條件的隔離。一個純粹意志的概念源自前者，如同一個純粹知性的意識源自後者一樣。至於說這就是我們這些概念的眞正的隸屬關係，而道德首先向我們揭示自由的概念，從而實踐理性首先以這個概念向思辨理性提出了最無法解決的問題，透過這個概念使思辨理性陷入最大的困境，這一點已經由如下情況得到說明：既然從自由概念出發在顯象中沒有任何東西能夠得到解釋，相反地，在這裡永遠必須是自然機械作用構成導線。此外，當純粹理性要上升到原因系列中的無條件者的時候，它的二論背反也就在這一方和另一方同樣地捲入到不可理解的東西之中，然而，後者（機械作用）畢竟至少在解釋顯象時有可用性，所以，如果不是道德法則以及實踐理性與它一起參與進來，並把這個概念強加給我們的話，人們是永遠也不會冒險把自由引入科學的。但是，就連經驗也證實了我們心中的這種概念秩序。假設某人爲自己淫欲的偏好找藉口說，如果所愛的對象和機會都來到他面前，那麼這偏好對他來說是完全不可抗拒的：如果在他遇到這種機會的房子前面豎起一個絞架，在他享受過淫欲之後馬上把他吊在上面，他在這種情況下是否還會不克制自己的偏好呢？人們可以很快猜出他會怎樣回答。但如果問他，如果他的君王以同一種毫不拖延的死刑相威脅，無理要求他對於君王想以莫須有的罪名來詆毀的一個清白人提供僞證，此時無論他對生命的熱愛有多大，他是否會認爲有可能克服這種熱愛呢？他是會這樣做，還是不會這樣做，這是他也許不敢作出保證的；但他必定毫不猶豫地承認，這樣做對他來說是可能的。因此他作出判斷，他能夠做某事乃是因爲他意識到他應當作某事，並在自身中認識到通常沒有道德法則就會依然不爲他所知的自由。

第七節　純粹實踐理性的基本法則

要這樣行動，使得你的意志的準則在任何時候都能同時被視爲一種普遍的立法的原則。

附釋

純粹幾何學有一些作爲實踐命題的公設，但它們所包含的無非是這樣一個預設，即人們如果被要求應當作某事就能夠做某事，而這些命題就是純粹幾何學僅有的涉及一個存在的那些命題。因此，這就是一些在意志的一種或然條件下的實踐規則。但在這裡，規則卻說：人們應當絕對地以某種方式行事。所以，實踐規則是無條件的，因而被表現爲定言的先天實踐命題，意志由此絕對地和直接地（透過實踐規則本身，因而這規則在此就是法則）在客觀上得到規定。因爲純粹的、就自身而言實踐的理性在這裡是直接立法的。意志作爲獨立於經驗性條件的，作爲純粹意志，被設想爲被法則的純然形式所規定的，而這個規定根據則被視爲一切準則的最高條件。這件事情是足夠令人驚訝的，而且在全部其他實踐知識中都沒有同樣的東西。因爲關於一種可能的普遍立法的，因而僅僅是或然的先天思想，不從經驗或者任何一個外在意志借取某種東西，就被無條件地要求作爲法則。但這也不是一個行動應當發生，從而使一個被欲求的結果成爲可能所依據的一個規範（因爲那樣的話，這規則就會永遠在物理上有條件了），而是一個僅僅就意志的準則形式而言來先天地規定意志的規則，而這時至少設想一個僅僅用於種種原理的主觀形式的法則，作爲憑藉一般法則的客觀形式的規定根據，就不是不可能了。人們可以把這條基本法則的意識稱爲理性的一個事實，這不是因爲人們能夠從理性的先行資料出發，例如，從自由的意識出發（因爲這個意識不是被預先給予我們的）玄想出這一法則，而是因爲它獨立地作爲先天綜合命題把自己強加給我們，這個先天綜合命題不是基於任何直觀，既不是基於純粹的直觀，也不是基於經驗性的直觀，儘管當人們預設意志的自由時它會是分析的，但這種意志自由作爲積極的概念，就會要求有人們在這裡根本不可以假定的一種理智直觀。不過，爲了把這條法則準確無誤地視爲被給予的，人們還必須注意：它不是任何經驗性的事實，而是純粹理性的唯一事實，純粹理性借此宣布自己是原始地立法的（sic volo, sic jubeo〔我如何想，便如何吩咐〕）②。

推論

純粹理性單憑自身就是實踐的，並給予（人）一條我們稱之爲道德法則的普遍法則。

附釋

前面所說的事實是不可否認的。人們可以只是分析一下眾人關於自己的行動的合法則性所作的判斷，於是人們在任何時候都將發現，無論偏好在這中間會說什麼，他們的理性卻仍然堅定不移地和自我強制地把採取一個行動時意志的準則保持在純粹意志上，亦即保持在自己身上，因爲它把自己看做先天地實踐的。如今，正是爲了不顧意志的一切主觀差異而使這條道德原則成爲意志形式上的最高規定根據的那種立法的普遍性，理性才把這條道德原則同時宣布爲一條對於一切有理性的存在者的法則，只要他們一般而言具有意志，亦即具有透過規則的表象來規定自己的因果性的一種能力，因而只要他們有能力按照原理，從而也按

② 尤維納利斯：《諷刺詩集》，Ⅵ，二二三；不過原文是：Hoc volo, sic iubeo, sit pro ratione voluntas〔我如此想，便如此吩咐，無須理由，而是意志〕。——科學院版編者注

照先天的實踐原則（因爲唯有這些原則才具有理性爲原理所要求的那種必然性）來行動。因此，這條原則並不僅僅侷限於人，而是涉及一切具有理性和意志的有限存在者，甚至也包括作爲最高理智的無限存在者在內。但在前一種場合，法則具有一種命令式的形式，因爲人們雖然能夠在作爲有理性的存在者的人身上預設一個純粹的意志，但在作爲用需要和感性動因來刺激的存在者的人身上卻不能預設任何神聖的意志，亦即這樣一種意志，它不能有任何與道德法則相衝突的準則。因此，道德法則在人這裡是一個命令式，它以定言的方式發布命令，因爲這法則是無條件的；這樣一個意志與這條法則的關係就是依賴性，名之爲責任，它意味著對採取某個行動的一種強制，雖然只是透過理性及其客觀法則來強制的，所以它叫做義務，因爲一種在病理學上刺激起來的（雖然並不由此被規定，從而也永遠是自由的）任性帶有一種願望，這願望產生自主觀的原因，因而也可能經常與純粹的客觀規定根據相悖，從而需要實踐理性的某種抵抗來作爲道德上的強制，這種抵抗可以被稱爲內部的，但卻是理智的強制。在最爲充足的理智中，任性就正當地被表現爲不可能有任何不同時能夠在客觀上是法則的準則，而因此之故應當歸於它的那個神聖性概念，雖然並沒有使任性超越一切實踐法則，但卻使它超越一切實踐上能限制的法則，從而超越責任和義務。意志的這種神聖性仍然是一個必須不可避免地用做原型的實踐理念，無限地接近這個原型是一切有限的理性存在者有權利去做的唯一事情，而這個實踐理念則經常地和正確地向他們指明純粹的、因而自身也是神聖的道德法則，保證道德法則的種種準則的這種無限發展的進程和這些準則在不斷的前

33

進中的始終不渝，亦即德性，這是有限的實踐理性所能達成的最高的東西，這種德性本身又至少作爲自然獲得的能力是永遠不能完成的，因爲這種保證在這樣的場合裡不會成爲無可置疑的確定性，而且作爲臆信是很危險的。

第八節　定理四

意志的自律是一切道德法則和符合這些法則的義務的唯一原則；與此相反，任性的一切他律不僅根本不建立任何責任，而且毋寧說與責任的原則和意志的道德性相悖。因爲道德性的唯一原則就在於對法則的一切質料（亦即一個被欲求的客體）有獨立性，同時又透過一個準則必須能夠有的純然普遍立法形式來規定任性。但是，那種獨立性是消極意義上的自由，而純粹的理性、且作爲純粹的而是實踐的理性的這種自己立法卻是積極意義上的自由。因此，道德法則所表達的，無非是純粹實踐理性的自律，亦即自由的自律，而這種自律本身是一切準則的形式條件，唯有在這條件下，它們才能夠與最高的實踐法則相一致。因此，如果只能是與法則相結合的某種欲求的客體的意欲質料進入實踐法則作為它的可能性的條件，那麼，由此就形成任性的他律，亦即對遵從某種衝動或者偏好的自然法則的依賴性，而意志就不是自己給自己提供法則，而只是提供合理地遵循病理學法則的規範；但是，以這樣的方式，永遠不能在自身包含普遍立法形式的那種準則，就不僅不能以這種方式確立任何責任，而且本身是與一種純粹的實踐理性的原則，因而由此與道德意向相悖的，即使從中產生的行動是合乎法則的。

附釋一

因此，一個帶有質料性的（因而經驗性的）條件的實踐規範，必須永遠不被歸爲實踐法則。因爲純粹意志是自由的，它的法則把意志置於一個與經驗性領域完全不同的領域中，而它所表達的必然性，由於不應當是任何自然的必然性，所以只能在於一般法則的可能性的形式條件。實踐規則的一切質料所依據的永遠是主觀的條件，這些條件使實踐規則獲得的不是對有理性的存在者的普遍性，而僅僅是有條件的普遍性（在我欲求這件或者那件我爲了使它成爲現實就必須去做的事情的情況下），而且它們全都圍繞著自身幸福的原則轉。如今，當然不可否認的是，一切意欲也都必須有一個對象，從而有一種質料；但這質料卻並不因此就正好是準則的規定根據和條件，因爲如果它是這樣，那麼，這個準則就不能以普遍立法的形式展示出來了，因爲對於對象的實存的期待在這種情況下就會是任性的規定原因，而欲求能力對某一個事物的實存的依賴就必然被當作意欲的基礎，這種實存永遠只能在經驗性的條件中來尋找，因而永遠不能充當一個必然的和普遍的規則的根據。這樣，別的存在者的幸福將可能是一個有理性的存在者的意志的客體。但是，如果這種幸福是準則的規定根據，那麼，人們就會必須預設，我們在別人的福利中不僅發現一種自然的快樂，而且還發現一種需要，就像富有同情的氣質在人身上所造成的那樣。但是，我不能在任何一個有理性的存在者那裡都預設這種需要（在上帝那裡就根本不能）。因此，雖然準則的質料還可以保留，但它必須不是準則的條件，因爲若不然，這準則就不適宜於做法則。因此，一個限制質料的法則的純然形式，必須同時是把這質料附加給意志的根據，但並不以質料爲前提條件。例如，這質料可以是我自己的幸福。如果我把這種幸福賦予每個人（就像我實際上在有限的存在者那裡可以做的那樣），那麼，它就唯有在我把別人的幸福也一併包含在它裡面的情況下，才能夠成爲一個客觀的實踐法則。因此，「促進他人幸福」的法則並不是產生自「這對每個人自己的任性來說都是一個客體」這個預設，而是產生自：理性當作給自愛準則提供一個法則的客觀有效性的條件所需要的普遍性的形式，成爲意志的規定根據，因而客體（別人的幸福）並不是純粹意志的規定根據；相反地，唯有純然的法則形式，才是我用來限制我的基於偏好的準則，以便使它獲得一個法則的普遍性，並使它這樣適合純粹的實踐理性；唯有從這種限制中，而不是從一個外在的動機的附加中，才能產生出把我的自愛準則也擴展到別人的幸福上去的責任的概念。

附釋二

如果自身幸福的原則被當作意志的規定根據，那麼，這恰好就是道德原則的對立面。就像我上面已指明的那樣，一般來說，凡是不把應當用爲法則的規定根據設定在準則的立法形式中，而是設定在別的什麼地方的，都必須歸於此列。但是，這種衝突並不像經驗性地有條件的、但人們卻想將之提升爲必然的知識原則的規則之間的衝突那樣，純然是邏輯上的，而是實踐的，並且如果理性與意志相關的呼聲不是如此清晰，如此不可蓋過，甚至對於最普通的人也如此可以聽清，這種衝突就會完全毀掉道德。但是，這種呼聲卻只能還保持在各學派的攪亂頭腦的思辨中，這些學派足夠膽大包天，爲了維護一種不值得傷腦筋的理論而對那種上天的呼聲充耳不聞。

如果你平時喜歡的一位朋友以爲可以這樣在你那裡爲作出的一項僞證進行辯護：他首先藉口自身幸福是依他所說的神聖義務，然後列舉他由此所贏得的一切好處，舉出他爲防止任何人發現，甚至也防止你本人這方面的發現而遵循的聰明，他之所以向你透露這個祕密，只是因爲他任何時候都能夠否認這一祕密；此後他極爲嚴肅地僞稱，他已經履行了一項眞正的人類義務；那麼，你會要麼當面取笑他，要麼對此厭惡地退避三舍，即使你在有人僅僅依據自己的好處來操縱自己的原理時，不能提出絲毫的東西來反對這種規則。或者假定有人向你們推薦一個人做管家，說你們可以不加考慮地把自己的事務都託付給他，而且爲了引起你們的信賴，他稱讚此人是一個聰明人，很會關照自己的利益，他又是一個不知疲倦地做事的人，不讓這方面的機會未加利用就溜走，最後，爲了不讓對此人粗鄙的自私自利的顧慮有妨礙，他稱讚此人如何懂得正直地生活，不是在聚斂錢財或者毫無顧忌的享樂中，而是在自己的知識的擴展中，在精心選擇的富有教益的交往中，甚至在對窮人的行善中，尋求自己的快樂，但除此之外不會由於手段（手段有無價值畢竟只來自目的）而有所顧慮，而且別人的錢財用於此處，只要他知道自己可以不被發現且不受阻礙地這樣做，對他來說就像是他自己的錢財一樣：那麼，你們會要麼相信，推薦人是在戲弄你們，要麼就是他失去理智了。道德和自愛的界限如此截然分明，以至於連最平庸的眼睛也根本不會錯過某事是屬於道德還是屬於自愛這種區別。以下幾點說明對於一個如此明顯的眞理來說雖然可能顯得是多餘的，但它們畢竟至少可以用來使普通人類理性的判斷獲得更多一些清晰性。

幸福的原則雖然能夠充當準則，但永遠不能充當適宜於做意志法則的那樣一些準則，哪怕是人們把普遍的幸福當作自己的客體。這是因爲對幸福來說，它的知識是基於純粹的經驗材料的，由於對此的每一個判斷都極爲依賴每個人自己的經驗，而這種經驗本身又還是極易變化的，所以，這判斷也許能夠給出一般性的規則，但永遠不能給出普遍性的規則，亦即也許能夠給出平時極經常地適用的規則，但卻不能給出必須在任何時候都必然有效的規則，因而沒有任何實踐法則能夠建立在這上面。正是由於在這裡任性的客體爲任性的規則提供了基礎，因而必然先行於任性，所以，這種規則就不能與別的什麼東西，而只能與人們所推薦的東西，因而與經驗相關，並建立在它上面，而且在這裡，判斷的差異必然是無窮無盡的。因此，這個原則並不給一切有理性的存在者規定同樣一些實踐規則，哪怕這些規則都處於一個共同的名目，亦即幸福的名目之下。但是，道德法則之所以被設想爲客觀必然的，只是因爲它應當對每一個具有理性和意志的人都有效。

自愛的準則（聰明）只是建議，道德的法則卻是命令。但是，在人們建議給我們的事情和我們負有責任的事情之間，畢竟有一種巨大的區別。

按照任性的自律原則要做的事情，對於最普通的知性來說是極容易、不加考慮就可以看出的；而在任性的他律的前提條件下要做的事情，則很難看出，要求有世間知識；也就是說，是義務的東西，自行呈現給每一個人；但帶來眞正的、持久的好處的東西，則每當要把這好處擴展到整個人生的時候，它就被籠罩在無法穿透的黑暗中，要求有諸多聰明，來使與之相稱的實踐規則透過機敏的例外，哪怕差強人意地與人生的目的相適合。然而，道德法則卻命令每個人遵守，而且是一絲不苟地遵守。因此，要判斷按照道德法則應當作的事情，必定不是很難，最普通、最未經訓練的知性，哪怕沒有處世經驗也會知道如何對待。

遵守道德的定言命令，這任何時候都在每個人的控制之中，而遵守經驗性上有條件的幸福規範，則很少如此，而且遠遠不是對每個人都可能的，哪怕只是就一個唯一的意圖而言。原因在於，事情在前者那裡僅僅取決於必須是眞正的和純粹的準則，在後者那裡卻還取決於使一個所欲求的對象成爲現實的力量和自然能力。每一個人都應當力求使自己幸福，這個命令是愚蠢的，因爲人們從不命令某人做他已經不可避免地自行要做的事情。人們必須只命令他規則，或者毋寧說告訴他規則，因爲他不可能做到他想做的一切。但是，以義務的名義命令有道德，則是完全合乎理性的，因爲德性的規範首先恰恰不是每個人都樂意服從的，如果它與偏好相衝突的話，至於他如何能夠遵守這條法則的做法，在這裡是無須教導的，因爲他在這方面想做的事情，他也能夠去做。

在賭博中輸了的人，也許會對自己和自己的不聰明感到惱火。但如果他意識到自己在賭博中曾經使詐（哪怕他因此贏了），那麼，只要他用道德法則對照一下自己，他就必定蔑視自己。因此，道德法則必定是與自身幸福的原則有所不同的東西。因爲不得不對自己說：「儘管我充實了自己的錢袋，我卻是一個卑鄙小人。」這與贊許自己說「我是一個聰明人，因爲我充實了自己的錢袋」相比，畢竟還必須有一條不同的判斷準繩。

最後，在我們的實踐理性的理念中，還有某種東西伴隨著對一條道德法則的逾越，亦即這種逾越的該受懲罰。現在，享受幸福是根本不能與一種懲罰本身的概念結合在一起的。因爲儘管如此作出懲罰的人可能懷有善良的意圖，即使這種懲罰也指向幸福目的，但懲罰畢竟必須事先作爲懲罰，亦即作爲純然的壞事，才就自身而言是理由充足的，以至於受罰者即便情況依舊，即便他看不出在這種嚴厲背後隱藏有任何好意，也不得不自己承認，這對於他來說是做得公正的，而且他的命運是與他的作爲完全相符的。在任何懲罰本身中，都必須首先有正義，而正義就構成懲罰概念的本質。與正義相結合的雖然也可能有善意，但該受懲罰者根據自己的行爲卻沒有絲毫理由去指望這種善意。因此，懲罰是一種物理上的壞事，它即使不會作爲自然的後果而與道德上的惡相結合，但卻必定會作爲按照一種道德立法的原則的後果而與之相結合。現在，如果一切犯罪，哪怕不看就犯罪而言的物理學後果，自身就是可懲罰的，亦即（至少部分地）失去了幸福，那麼，說犯罪恰恰在於他由於損害了他自身的幸福

（按照自愛原則，一切犯罪的本眞概念必定都會是這樣）而招致了一種懲罰，這就顯然會是無稽之談了。以這種方式，懲罰就會是把某事稱爲犯罪的根據了，而正義反倒必定會在於放棄一切懲罰，甚至阻止自然的懲罰；原因在於，在這種情況下，行動中就會不再有惡，因爲通常繼之而起的、僅僅爲此行動才叫做惡的那種壞事，從現在起就被攔住了。但尤其是，把一切懲罰和獎賞都僅僅視爲一個更高的權力手中的設備，它僅僅應當用來借此使有理性的存在者爲自己的終極意圖（幸福）而活動，這極爲明顯的是他們的意志的一種取消一切自由的機械作用，我們在此沒有必要多說。

儘管同樣不眞實、但卻更爲精巧的是，那些假定某種特殊的道德感官的人的托詞。據說是這種感官，而不是理性，在規定著道德法則，按照這種感官，德性的意識是直接與滿足和快樂相結合，而罪惡的意識則是與靈魂的不安和痛苦相結合的，這樣他們就把一切都推到對自身幸福的要求上了。我不想把上面所說的東西拉扯到這裡，而只想說明這裡所發生的欺騙。爲了把有罪之人表現爲因意識到自己的犯罪而受心靈不安的折磨，他們就必須根據他的品質的最主要基礎已經事先把他表現爲至少某種程度上是道德上善的，就像把意識到合乎義務的行動就感到快活的人事先已經表現爲有道德的一樣。因此，道德性和義務的概念畢竟必須先行於對這種滿足的考慮，而根本不能從這種滿足中衍生出來。但現在，爲了感受意識到自己符合義務時的那種滿足和人們能夠責備自己逾越道德法則時的嚴厲斥責，人們必須預先估量我們稱爲義務的東西的重要性、道德法則的威望和遵循道德法則使個人親眼看到的直接價值。所以，人們不可能先於對責任的認識而感到這種滿足或者靈魂的不安，並把它們作爲這種認識的基礎。爲了能對那些感覺哪怕只是形成一個表象，人們必須至少大半已經是一個正直的人。此外，就像人的意志憑藉自由可以由道德法則直接規定一樣，符合這種規定根據的經常履踐在主觀上，最終也能造成一種對自己本身的滿足感，這一點我是根本不否認的。毋寧說，確立並培植眞正說來唯一值得被稱爲道德感的情感，這本身就屬於義務；但是，義務的概念並不能由此衍生出來，若不然，我們就會不得不去設想對一個法則本身的某種情感，並把只能透過理性來設想的東西當作感覺的對象；這即使不應當成爲十足的矛盾，也會完全取消義務的一切概念，而僅僅代之以更精巧的、時而與更粗俗的偏好陷入紛爭的偏好的機械遊戲。

39

道德原則中實踐的質料規定根據 40

主觀的				客觀的	
外部的		內部的		外部的	內部的
教育（據蒙台涅）	公民憲法（據曼德維爾）	自然情感（據伊比鳩魯）	道德情感（據哈奇森）	完善（據沃爾夫和斯多亞學派）	上帝意志（據克魯修斯③和其他神學道德主義者）

③萊比錫神學教授，參見《必然的理性眞理大綱》，第二版，一七五三年，第二八三、二八四、二八六節。——科學院版編者注

如果我們現在把我們的實踐理性（作為意志的一種自律）的形式上的最高原理與道德的一切迄今的質料上的原則進行比較，那麼，我們就可以在一個表格中把其餘一切原理都表現為這樣的原理，透過它們，實際上除唯一的一個形式上的場合之外，同時窮盡了其他所有可能的場合，而且這樣就顯而易見地證明，尋找一條與現在講述的原則不同的原則，乃是白費力氣。也就是說，意志的一切可能的規定根據或者是純然主觀的，因而是經驗性的，或者也是客觀的和合理的；但這兩者都或者是外部的，或者是內部的。

處於左邊的原則全都是經驗性的，顯然根本不適宜做道德的普遍原則。但右邊的原則則是建立在理性之上的（因為作為事物的性狀的完善和在實體中表現出來的最高的完善，亦即上帝，兩者都唯有透過理性概念才可以設想）。不過前一個概念，亦即完善的概念，要麼可以在理論意義上來採用，此時它無非意味著每一個事物在其種類中的完備性（先驗的完備性），要麼它意味著一個事物僅僅作為一般事物的完備性（形而上學的完備性），對此這裡不能論及。但是，實踐意義上的完善概念是一個事物對各種各樣的目的的適用性和充足性。這種完善作為人的性狀，因而作為內部的完善，無非就是天賦，而加強或者補充天賦的東西則是技巧。實體中的最高完善，亦即上帝，因而外部的完善（在實踐的意圖來看），就是這一存在者對一切一般目的的充足性。因此，如果現在必須預先把目的給予我們，唯有與它們相關完善（我們自身的一種內部的完善或者上帝那裡的完善）的概念才能夠成為意志的規定根據，但一個目的作為必須先行於透過實踐規則對意志的規定、並包含著這樣一種規定的可能性的根據的客體，因而意志的質料作爲意志的規定根據來看，在任何時候都是經驗性的，從而能夠用做伊比鳩魯的幸福論原則，但永遠不能用做道德論和義務的純粹理性原則（如同天賦和對天賦的促進只是由於它們對生活的好處有貢獻，或者上帝的意志在與其相一致無須先行的、不依賴於其理念的實踐原則就被當作意志的客體時，只能透過我們從中期待的幸福來成爲意志的動因一樣），那麼結果就是：第一，在此提出的一切原則都是質料的；第二，它們包括一切可能的質料原則；而最後由此得出的結論是：由於質料原則完全不適宜做最高的道德法則（如已經證明的），純粹理性的形式上的實踐原則，即透過我們而可能的普遍立法的純然形式構成意志的最高的和直接的規定根據所必須依據的原則，就是適宜於在規定意志時用做定言命令式，亦即實踐法則（這些法則使行動成爲義務），並一般而言既在評判中又在應用於人類意志時用做道德原則的唯一可能的原則。

一、純粹實踐理性諸原理的演繹

這個分析論闡明，純粹理性能夠是實踐的，亦即能夠獨立地、不依賴於一切經驗性的東西來規定意志——雖然這是透過一個事實，在其中，純粹理性在我們這裡表明自己實際上是實踐的，亦即是透過理性規定意志去行動所借助的道德原理中的自律。這個分析論同時指出，上述事實與意志自由的意識是不可分割地結合在一起的，甚至與它就是一回事；透過這種意識，一個屬於感官世界、並認識到自己與服從其他起作用的原因一樣必須服從因果性法則的理性存在者，其意志卻在實踐的東西中同時在另一方面，亦即作為存在者本身，意識到自己在事物的理知秩序中可以被規定的存在，雖然不是按照對它自己的某種特殊的直觀，而是按照某些能夠在感官世界中規定它的因果性的動力學法則，因為自由既然被賦予我們，就把我們置於事物的一種理知秩序之中，這在別的地方已得到充分的證明。

現在，如果我們把純粹思辨理性批判的分析論部分與此進行比較，那麼，就表現出兩者相互之間的一種值得注意的對照。在那裡，並非原理，而是純粹的感性直觀（空間和時間），才是使知識先天地、並且僅僅對於感官對象成為可能的最初材料。原理僅僅出自概念而沒有直觀是不可能的，毋寧說，原理唯有與感性的直觀相關，從而也唯有與可能經驗的對象相關才能發生，因為知性的概念唯有與這種直觀相結合，才使我們稱之為經驗的那種知識成為可能。超出經驗對象之外，因而關於作為本體的事物，思辨理性就被完全正當地剝奪了一種知識的一切積極的東西。不過，思辨理性所做的事情就是這些，它保全了本體的概念，亦即保全了思維這種本體的可能性，乃至必要性，而且舉例來說，它從消極方面來看針對一切責難拯救了自由，亦即假定與純粹理論理性的那些原理和限制完全相容的自由，卻對於這樣的對象沒有提供任何確定的東西供認識，因為它毋寧說完全切斷了這方面的一切希望。

與此相反，道德法則儘管沒有提供希望，但卻仍然提供了一種從感官世界的一切材料和我們的理論理性應用的整個範圍出發都絕對無法解釋的事實，這個事實指示著一個純粹的知性世界，甚至積極地規定著這個世界，使我們對它有所認識，亦即認識到一種法則。

這種法則應當使感官世界作爲一個感性自然（就有理性的存在者來說）獲得一個知性世界，亦即一個超感性自然的形式，卻並不損害感官世界自身的機械作用。現在，最普遍意義上的自然就是事物在法則之下的實存。一般理性存在者的感性自然就是他們在經驗性上有條件的法則之下的實存，因而對於理性來說就是他律。與此相反，同樣這些存在者的超感性自然就是他們按照獨立於一切經驗性條件，因而屬於純粹理性的自律的那些法則的實存。而且既然這些法則是實踐的，按照這些法則，事物的存在依賴於知識，所以，超感性自然就我們對它能夠形成一個概念而言，無非就是一個在純粹實踐理性的自律之下的自然。但是，這種自律法則就是道德法則，因而它就是一個超感性自然和一個純粹知性世界的基本法則，這個世界的倒影應當實存於感官世界中，但同時並不損害感官世界的法則。人們可以把前者稱爲我們僅僅在理性中才認識的原本的世界（natura archetypa〔原本的自然〕），而後者由於包含著前一個世界的理念作爲意志的規定根據可能有的結果，可以稱爲摹本的世界（natura ectypa〔摹本的自然〕）。因爲事實上，道德法則按照理念把我們置於這樣一個自然中，在它裡面，純粹理性如果伴有與它相適合的物理能力，就會產生出至善，而且道德法則還規定著我們的意志，去把這種形式賦予作爲理性存在者之整體的感官世界。

對自己本身加以最普通的注意，就可以證實，這個理念確實像作出示範一般，是我們的意志規定的榜樣。

44 如果我打算作證所依據的準則由實踐理性來審核，我總是要看一看，倘若它被視爲普遍的自然法則，它會是什麼樣子。顯而易見，普遍的自然法則將會以這種方式迫使每個人講眞話。因爲承認陳述是作證明的，儘管如此卻又故意說假話，這與一個自然法則的普遍性是不能共存的。同樣地，我在自由處置自己的生命方面所採取的準則，如果我問一問自己，它必須怎樣才能使一個自然按照它的一種法則維持下去，也就馬上得到了規定。顯然，沒有人能夠在這樣一個自然中任意地結束自己的生命，因爲這樣一種狀況不會是持久的自然秩序，在所有其他場合也都是這樣。但現在，在現實的自然中，如它是經驗的一個對象一樣，自由意志並不是由自己而被規定有這樣一些準則，它們按照普遍的法則獨自就能夠建立一個自然，或者哪怕是自動地與這樣一個按照普遍的法則安排的自然相適應；毋寧說，這是一些私人偏好，它們雖然按照病理學的（物理學的）法則構成了一個自然整體，但卻並不構成一個唯有透過我們的意志，按照純粹的實踐法則才有可能的自然。儘管如此，我們仍然透過理性意識到一條法則，我們的一切準則都服從它，就好像透過我們的意志必然會同時產生出一種自然秩序似的。因此，這條法則必定是一個並非經驗性地被給予的、儘管如此卻透過自由而可能的、從而超感性的自然的理念，我們至少在實踐的關係中給予它以客觀實在性，因爲我們把它視爲我們作爲純粹的理性存在者的意志的客體。

因此，在意志所服從的一個自然的法則與一個服從（就具有意志與其自由行動的關係的東西而言）某個意志的自然的法則之間，其區別乃是基於，對於前者來說，客體必須是規定意志的那些表象的原因，而對於後者來說，意志則應當是客體的原因，以至於意志的因果性只是在純粹的理性能力中才有自己的規定根據，所以，這種能力也可以被稱爲一種純粹實踐理性。

因此，這兩個課題是很不相同的：一方面，純粹理性如何能夠先天地認識客體；另一方面，它如何能夠直接地（僅僅透過它自己的準則作爲法則的普遍有效性的思想）就是意志的規定根據，亦即有理性的存在者在客體的現實性方面的因果性的規定根據。

第一個課題，屬於純粹思辨理性的批判，要求首先解釋：沒有直觀，在任何地方就都沒有任何客體能夠被給予我們，因而也沒有任何東西能夠被綜合地認識，但直觀是如何先天地可能的呢？這個課題的解決將導致：直觀全都只是感性的，因而也不允許任何比可能經驗所及走得更遠的思辨知識成爲可能，因此，那種純粹思辨理性的一切原理所建樹的，無非就是使經驗成爲可能，這經驗要麼是關於被給予的對象的，要麼是關於可以無限地被給予、但卻永遠不能被完全給予的對象的。

第二個課題，屬於實踐理性的批判，不要求解釋欲求能力的客體是如何可能的，因爲這仍然作爲理論的自然知識的課題被託付給了思辨理性的批判，而是僅僅要求解釋：理性如何能夠規定意志的準則，這種規定是僅僅憑藉作爲規定根據的經驗性表象而發生的，還是就連純粹理性也是實踐的，是一種可能的、根本不能經驗性地認識的自然秩序的法則呢？這樣一個超感性的自然，其概念同時就能夠是其憑藉我們的自由意志而有的現實性的根據，它的可能性並不需要任何先天直觀（對一個理知世界的先天直觀），這種直觀在這一場合，作爲超感性的，對於我們來說也必定會是不可能的。因爲事情僅僅取決於意願在其準則中的規定根據，取決於那個規定根據是經驗性的，還是純粹理性的一個概念（關於一般準則的合法則性的概念），以及它如何可能是後一種情況。意志的因果性對於客體的現實性來說是充足還是不充足，這仍然被託付給理性的理論原則去評判，是對意願的客體的可能性的研究，因而對這些客體的直觀在實踐的課題中根本不構成其要素。事情在這裡僅僅取決於意志的規定和意願作爲一個自由意志的準則的規定根據，而不取決於後果。因爲只要意志對於純粹理性來說是合乎法則的，那麼，意志在履行時的能力就可以隨便如何了，按照一個可能的自然之立法的這些準則可以現實地從中產生出這樣一個自然，也可以不產生，批判根本不關心這一點，它在此研究純粹理性是否以及如何能夠是實踐的，亦即直接地規定意志的。

因此，在這項工作中，批判可以無可指摘地從純粹實踐法則及其現實性開始，而且它必須由此開始。但是，它不是把直觀、而是把這些法則在理知世界中的存在的概念，亦即自由的概念，當作這些法則的基礎。因爲這個概念並不意味著別的任何東西，而那些法則唯有與意志的自由相關才有可能，在意志自由的前提條件下則是必然的，或者反過來說，意志的自由是必然的，因爲那些法則作爲實踐的公設是必然的。現在，對道德法則的這種意識，或者換句話說也一樣，對自由的這種意識是如何可能的，就不能進一步解釋了，唯有它們的可允許性才在理論批判中完全可以得到辯護。

對實踐理性的最高原理的闡述現在已經作出了，也就是說，首先指明了它包含什麼，即它是完全先天地、不依賴於經驗性原則而獨立存在的，其次指明了它在什麼地方與其他一切實踐原理區別開來。至於這個原理的客觀的和普遍的有效性的演繹，亦即對這種有效性的辯護，以及對這樣一個先天綜合命題的可能性的洞識，人們就不能希望像在涉及純粹理論知性的原理時那樣順利進行了。因爲後者與可能經驗的對象相關，亦即與顯象相關，而且人們能夠證明，唯有透過把這些顯象按照那些法則的標準置於範疇之下，這些顯象才能作爲經驗的對象被認識，因而一切可能的經驗都必須與這些法則相適合。但是，我不能對道德法則的演繹採取這樣一種進路。因爲道德法則所涉及的不是關於可以在別的地方以某種方式給予理性的那些對象的性狀的知識，而是這樣的知識，即它本身能夠成爲對象實存的根據，而且理性透過這種實存就具有一個有理性的存在者中的因果性，亦即能夠被視爲一種直接規定意志的能力的純粹理性。

但如今，一旦我們達到了基本的力量或者基本的能力，一切人類的洞識就都到頭了，因爲這些力量或者能力的可能性是不能透過任何東西來理解的，但也同樣不可以任意地來虛構和假定。因此，唯有經驗使我們有權在理性的理論應用中假定它們。但是，就純粹實踐理性能力而言，這種取代從先天知識源泉出發進行演繹的代用品，即列舉經驗性的證據，也被從我們這裡奪走了。因爲凡是需要從經驗中取得自己的現實性之證據的東西，按照其可能性的根據都必然依賴於經驗原則，但純粹而又實踐的理性由於其概念就已經不可能被視爲這樣的東西。就連道德法則也彷彿是作爲純粹理性的一個事實而被給予的，這個事實是我們先天地意識到的，而且是無可置疑地確定的，即使人們在經驗中找不到嚴格遵守道德法則的實例。因此，道德法則的客觀實在性不能由任何演繹，由理論的、思辨的或者得到經驗性支持的理性的任何努力來證明，所以，即使人們要放棄無可置疑的確定性，也不能由經驗來證實並這樣後天地得到證明，儘管如此，它仍是自身確定無疑的。

取代徒勞地尋求對道德原則的這種演繹的，是某種別的東西，而且是完全荒謬的東西，因爲它反過來自己充當一種玄妙莫測的能力的演繹原則。任何經驗都不必證明這種能力，但思辨理性卻（爲了在它自己的宇宙論理念之下按照這能力的因果性找到無條件者，以免它自己與自己相矛盾）必須至少把它假定爲可能的，這就是自由的能力。自身不需要任何辯護理由的道德法則不僅證明了自由的可能性，而且在認識到這一法則對自己有約束力的存在者身上證明了它的現實性。道德法則實際上就是因自由而有的因果性的法則，所以是一個超感性的自然的可能性的法則，就像感官世界中的種種事件的形而上學法則是感性自然的因果性的法則一樣。因此，道德法則所規定的是思辨哲學不得不任其不被規定的東西，亦即其概念在思辨哲學中只具有消極性的因果性的法則，並因此首先使這條法則獲得了客觀的實在性。

既然道德法則本身是作爲自由這種純粹理性的因果性的演繹原則而被提出來的，由於理論理性曾被迫至少假定一種自由的可能性，道德法則的這種信譽就完全足以取代一切先天的辯護來補償理論理性的一種需要。因爲道德法則以如下方式證明了自己的實在性，即使對於思辨理性的批判來說也是令人滿意的，這就是它給一個曾經僅僅被消極地設想的、思辨理性批判無法理解但卻不得不假定其可能性的因果性添加了積極的規定，亦即一個直接地（透過意志準則的普遍合法則的形式的條件）規定意志的理性的概念，而且這樣一來就第一次能夠賦予那在想要思辨地行事時總是以其理念越界的理性以客觀的、雖然只是實踐的實在性，並把理性的超驗的應用轉化為一種內在的應用（在經驗的領域中透過理念本身就是作用因）。

感官世界作為這樣一個世界，對它裡面的存在者的因果性的規定就絕不能是無條件的，但對於這些條件的全部序列來說，卻仍然必須有某種無條件者，因而也必須有一種完全由自身規定自己的因果性。所以，自由作為一種絕對自發性的能力，其理念曾經不是一種需要，而是就其可能性而言是純粹思辨理性的一個分析原理。然而，既然絕不可能根據它而在某一個經驗中給出一個實例，因為在作為顯象的事物的原因中間不可能找到任何對這種絕對無條件的因果性的規定，所以，我們只有在把關於一種自由行動的原因的這個思想運用到感官世界的一個存在者——即使這個存在者在另一方面也被視為本體——身上時，才能為這一思想作辯護，因為我們指出過，就該存在者的一切行動都是顯象而言把它們視為物理上有條件的，同時卻又就這個行動著的存在者是一個知性存在者而言把這些行動的因果性視為物理上無條件的，並如此使自由的概念成為理性的範導性原則，這並不自相矛盾。由此我雖然根本沒有認出被賦予這樣一種因果性的那個對象是什麼東西，但畢竟掃除了如下事情上的障礙，即我一方面在解釋世界上的事情，因而也解釋有理性的存在者的行動時，公正地對待從有條件者無限回溯到條件這種自然必然性的機械作用；另一方面卻給思辨理性保留下爲它空出的位置，亦即理知的東西，以便把無條件者置放到那裡。但是，我不能把這個思想變成實在的，亦即不能把它轉化爲對一個如此行動的存在者的知識，哪怕是僅僅就其可能性而言。現在，純粹實踐理性透過理知世界中的一種確定的因果性的法則（透過自由），亦即道德法則，填補了這個空出的位置。這樣一來，雖然現在對於思辨理性來說，在其洞識方面沒有任何增添，但畢竟在它或然的自由概念的保障方面有所增添。自由概念在這裡獲得了客觀的、雖然只是實踐的、但卻是無可懷疑的實在性。甚至因果性概念，它的應用、因而還有它的意義，本來只是與顯象相關，爲了把顯象連結成爲經驗才出現的（如同《純粹理性批判》所證明的那樣），純粹實踐理性也沒有把它擴展到使它把自己的應用延伸到上述界限之外的程度。因爲如果純粹實踐理性旨在於此，那它就會必然想指出，根據與後果的邏輯關係如何能夠在與感性直觀不同的另一類直觀那裡得到綜合的應用，亦即causa noumenon（作爲本體的原因）是如何可能的；這是它根本不能提供的，但它作爲實踐理性也根本不考慮這件事，因爲它僅僅把作爲感性存在者的人的因果性（這已經被給予）的規定根據設定在純粹理性中（這理性因此叫做實踐的），因而能夠在這裡完全抽掉原因概念爲了理論知識而在客體上的應用（因爲這個概念總是在知性中，也獨立於一切經驗，而被先天地發現），不是爲了認識對象，而是爲了就一般對象而言規定因果性，因而不在別的意圖上，僅僅在實踐的意圖上使用原因概念，所以就能夠把意志的規定根據置於事物的理知秩序之中，因爲它同時樂於承認，根本不理解原因概念對於認識這些事物能夠有什麼規定。它當然也必須以某種方式來認識意志在感官世界中的行動方面的因果性，因爲若不然，實踐理性就會不能現實地產生任何行爲。但是，它並不需要在理論上爲了認識它自己作爲本體的因果性的超感性實存而去規定它關於這種因果性形成的概念，因而不需要就此而言能夠賦予這概念以意義。因爲這概念本來就獲得了意義，雖然只是爲了實踐的應用，亦即透過道德法則獲得的。即便在理論上看，這概念也仍然是一個純粹的、先天被給予的知性概念，它可以被運用於對象上，無論這些對象是感性地還是非感性地被給予的；儘管它在後一種場合裡不具有任何確定的理論意義和理論應用，而僅僅是知性關於一個一般客體的一個形式上的思想，但畢竟是根本的思想。理性透過道德法則使它獲得的意義僅僅是實踐的，因爲一個因果性（意志）的法則，其理念本身就具有因果性，或者本身就是因果性的規定根據。

二、實踐理性在實踐應用中作出一種它在思辨應用中本身不可能作出的擴展的許可權

根據道德原則，我們提出了一條把因果性的規定根據置於感官世界的一切條件之上的因果性法則，並且思考了意志，看它作爲屬於一個理知世界的，而如何是可以被規定的，因而

把這個意志的主體（人）不僅作爲屬於一個純粹知性世界的、儘管在這種關係中不爲我們所知的而加以思考（就像根據純粹思辨理性的批判就能夠做到的那樣），而且借助於一條根本不可能被列爲感官世界的自然法則的法則，對這個意志就其因果性而言作出了規定，因而就把我們的知識擴展到了感官世界的界限之外，而《純粹理性批判》畢竟曾宣布這種僭妄在一切思辨中都毫無意義。如今在這裡，純粹理性的實踐應用與它的理論應用就其能力的界限規定而言如何能夠一致起來呢？

關於大衛·休謨，人們可以說他眞正開始了對一種純粹理性的種種權利的一切反駁，這些反駁使對純粹理性的全部研究成爲必要的。他是這樣推論的：原因概念是一個包含著把不同的東西的實存連結起來，而且是就其不同而言連結起來的必然性的概念，以至於如果設定了A，我就認識到也必須有某種與它完全不同的東西亦即B必然地實存。但必然性唯有在一種連結先天地被認識的時候才能被賦予該連結，因爲經驗關於一種結合提供出來供認識的只會是它存在，卻不會是它如此必然地存在。如今，他說道，一個事物和另一個事物之間（或者一個規定與另一個與它完全不同的規定之間）的結合，如果沒有在知覺中被給予的話，先天地認識它並把它認識爲必然的，這是不可能的。因此，一個原因的概念本身就是捏造的和騙人的，最客氣地說是一種在這方面尚可原諒的錯覺，因爲把經常相互並存或者相互繼存的某些事物或者它們的規定感知爲相互伴隨的，這種習慣（一種主觀必然性）不知不覺地被當成一種在對象本身中設定這樣一種連結的客觀必然性了，這樣一來，一個原因的概念就被騙取了，但它不是合法地獲得的，甚至絕不可能被獲得或者被認證，因爲它要求的是一種就自身而言毫無意義的、幻想出來的、在任何理性面前都站不住腳的連結，根本不可能有任何客體某個時候與這種連結相符合。這樣，首先就涉及事物實存的一切知識而言（因而數學還是被排除在外），經驗論就被當作種種原則的唯一來源而引入了，但與它同時引入的還有就（作爲哲學的）整個自然科學而言的最嚴厲的懷疑論本身。因爲我們永遠不能按照這樣的原理從事物根據其實存被給予的規定推論到一個後果（因爲這樣就會要求一個原因的概念，該概念包含著這樣一種連結的必然性），而是只能按照想像力的規則期望與通常類似的情況，但這樣的期望絕不是可靠的，即使它也還如此經常地應驗。甚至對任何事件，人們都不能說：必定有某種東西先行於它，它必然地跟隨其後。也就是說，它必定有一個原因，因而即使人們也還知道有這樣的東西先行的情況如此經常發生，以至於能夠從中抽出一個規則來，人們也不能由此就假定它總是並且必然地以這種方式發生，而這樣，人們就必須也爲盲目偶然的事件保留其權利，在它這裡一切理性應用都終止了。這就在從結果上升到原因的推論方面牢固地確立了懷疑論，使它變得無法反駁。

數學此時還安然無恙地置身事外，因爲休謨認爲數學的命題全都是分析的，亦即爲了同一性的緣故，從而按照矛盾律從一個規定推進到另一個規定（但這是錯誤的，因爲數學命題毋寧說全都是綜合的，而且即使例如幾何學並不涉及事物的實存，而是僅僅涉及事物在一個可能直觀中的先天規定，它也像透過因果概念那樣從一個規定A過渡到一個完全不同的、但仍與它必然連結起來的規定B）。但最終，這門由於其無可置疑的確定性而被如此高度讚揚的科學，也必定出自休謨用習慣來取代原因概念中的客觀必然性的同一個理由而敗給原理上的經驗論，而且無論它如何驕傲，它也不得不忍聲吞氣地降低它那大膽的、要求先天地贊同的權利，並指望觀察者的厚愛會讚許其命題的普遍有效性，這些觀察者作為證人畢竟不會拒絕承認，他們在任何時候也都是這樣感知到幾何學家所講述的東西，因而即便這種東西剛好不是必然的，也畢竟是今後會允許人們可以這樣期待的。以這種方式，休謨的原理上的經驗論也就不可避免地導向了甚至在數學方面，因而在理性的一切科學的理論應用方面的懷疑論（因為這種應用要麼屬於哲學，要麼屬於數學）。普通的理性應用（在人們發現知識的這些首領都遭遇到這樣可怕的顛覆的時候）是否必定更好地脫險，而不是更加不可挽回地捲入一切知識的同樣的毀滅之中，從而並不從這樣的原理中產生出一種普遍的懷疑論（它當然只涉及學者們），我想把這留給每一個人自己去判斷。

現在，就我在《純粹理性批判》中所做的探討而言，它雖然是由休謨的那種懷疑學說引起的，但卻走得遠得多，包括純粹理論理性在綜合應用中的全部領域，因而也包括人們一般而言稱為形而上學的東西，所以，我對於這位蘇格蘭哲學家涉及因果性概念的懷疑是以如下方式行事的。休謨在（如同幾乎到處也都在發生的那樣）把經驗的對象當成了物自身，把原因概念宣布為騙人的和虛假的幻覺時，做得完全正確；因為關於物自身及其規定本身，是無法看出何以由於某物A被設定，另一個某物B就也必須被必然地設定的，因而他根本不可能承認這樣一種關於物自身的先天知識。這個機敏的人物更不可能允許這個概念有一個經驗性的起源，因爲這種起源完全與連結的必然性相矛盾，而必然性則構成了因果性概念的本質，因此，這個概念遭到了排斥，取而代之的是在遵循知覺的進程時的習慣。

但是，從我的研究中卻得出，我們在經驗中所涉及的對象絕不是物自身，而僅僅是顯象，並且即使在物自身那裡根本看不出，甚至也不可能看出，何以如果設定A，不設定與A完全不同的B（作爲原因的A與作爲結果的B之間的連結的必然性）就應當是矛盾的，但畢竟完全可以設想，它們作爲顯象必定在一個經驗中以某種方式（例如就時間關係而言）必然地結合在一起，而且不能被分開而不與這個經驗得以可能所憑藉的那種結合相矛盾，它們唯有在這個經驗中才是對象，是我們可以認識的。而實際上也是這樣：以至於我不僅能夠對原因概念按照其就經驗對象而言的客觀實在性作出證明，而且還能夠由於它所帶有的連結的必然性而把它當作先天概念來加以演繹，也就是說，從純粹知性出發不用經驗性來源而闡明它的可能性，而且這樣在除去它的起源的經驗論之後，就能夠首先在自然科學方面，然後由於十分完美地從同樣的根據得出的東西而在數學方面，即在這兩門與可能經驗的對象相關的科學方面，從根本上剷除這種經驗論的後果，亦即懷疑論，並由此而從根本上剷除對理論理性號稱洞察的一切東西的全部懷疑。

但是，這個因果性範疇（其餘一切範疇亦復如是，因爲沒有它們，就不能實現關於實存者的任何知識）在不是可能經驗的對象，而是超越於可能經驗的界限之外的事物上的運用情況是怎樣的呢？因爲我只能就可能經驗的對象而言演繹這些概念的客觀實在性。但正是這一點，即我僅僅在這一場合拯救了這種客觀實在性，我指出畢竟可以由此思維一些客體，雖然不是先天地規定它們，這就給這些概念在純粹知性中提供了一個位置，它們由此出發就能夠與一般而言的客體（感性的或者非感性的客體）相關聯。如果還缺少什麼東西，那就是這些範疇，特別是因果性範疇運用於對象的條件，亦即直觀；在它沒有被給予的地方，它都使得以作爲本體的對象的理論知識為目的的運用成爲不可能的，因而這種理論知識如果有人敢於冒險去做，就將（如在《純粹理性批判》中也發生的那樣）遭到禁止；然而，這個概念的客觀實在性畢竟始終還存在，也能夠被運用於本體，但在理論上卻絲毫不能規定這個概念並由此來產生知識。因爲這個概念即便與一個客體相關也不包含任何不可能的東西，這是以如下方式得到證明的，即這個概念無論如何運用於感官的對象，都在純粹知性中保有自己的位置，而且即使它在此之後與物自身（不可能是經驗對象的物自身）相關，不能爲了一種理論知識的目的而被規定去表象一個確定的對象，它也畢竟總還能夠爲了一個別的目的（也許是實踐的目的）而被規定去運用自己；如果按照休謨的看法，這個因果性概念包含著在任何地方都不可能被思維的對象，就不會是上述情況了。

現在，爲了找出把上述概念運用於本體的條件，我們只需回顧一下，為什麼我們並不滿足於上述概念在經驗對象上的運用，而是也想把它運用於物自身。因爲在這裡馬上就表現出使這種情況對我們成爲必然性的，並不是一個理論的意圖，而是一個實踐的意圖。爲了思

55

辨，即使我們做得到，我們也不會在自然知識中和一般而言在不能以任何方式被給予我們的對象方面有任何眞正的收穫，而是至多從感性有條件者（停留在這裡並努力遍歷這個原因鏈條已足夠我們去做了）向超感性者邁出一大步，以便從根據方面完成我們的知識，並爲它劃定界限。然而，在那個界限和我們所認識的東西之間永遠會留下一條無限的鴻溝塡不滿，而我們所聽從的與其說是一種徹底的求知欲，倒不如說是一種虛榮的提問癖。

但是，除了知性與對象（在理論知識中）所處的那種關係之外，知性也有一種與欲求能力的關係，欲求能力由此而叫做意志，而就純粹知性（它在這樣的情況下叫做理性）僅僅透過一個法則的表象就是實踐的而言，則叫做純粹意志。一個純粹意志的客觀實在性，或者這樣說也一樣，一個純粹實踐理性的客觀實在性，是在先天的道德法則中彷彿透過一個事實而被給予的，因爲人們可以這樣稱呼一個不可避免的意志規定，儘管這個意志規定並不基於經驗性的原則。但在一個意志的概念中，已經包含著因果性概念，因而在一個純粹意志的概念中，也包含著一種具有自由的因果性的概念，也就是說，這種因果性不能按照自然法則來規定，因而不能有任何經驗性的直觀來作爲這概念的客觀實在性的證明，但仍然在先天的純粹實踐法則中完全地爲它的客觀實在性作了辯護，卻不是（就像很容易看出的那樣）爲了理性的理論應用，而是僅僅爲了其實踐的應用。現在，一個具有自由意志的存在者的概念就是一個causa noumenon（作爲本體的原因）的概念，至於這個概念並不自相矛盾，人們已經以如下方式作了保障，即一個原因的概念，作爲完全出自純粹知性的，同時它在一般對象方面的客觀實在性也透過演繹得到保障的，此時按照它的起源獨立於一切感性條件的，因而本身不被限制在現象上的（除非是在對此要作一種理論的確定應用的地方），當然能夠被運用於作爲純粹的知性存在者的事物上面。但是，由於這種應用不可能被配上任何直觀，因爲直觀在任何時候都只能是感性的，所以，causa noumenon（作爲本體的原因）就理性的理論應用而言雖然是一個可能的、可以設想的概念，但卻是一個空洞的概念。但現在，我也並不要求由此在理論上認識一個存在者就其具有一個純粹意志而言的性狀；對我來說，只要由此把它描述爲這樣一個存在者，從而只要把因果性概念與自由概念（以及與此不可分割地，與作爲自由的規定根據的道德法則）結合起來就夠了；由於原因概念的純粹的、並非經驗性的起源，我當然應當得到這樣的權利，因爲我對它除了與規定它的客觀實在性的道德法則相關，亦即僅僅作一種實踐的應用之外，並不認爲自己有權作任何別的應用。

如果我和休謨一樣，不僅就事物自身（超感性的東西）而言，而且也就感官對象而言，剝奪了因果性概念在理論應用中的客觀實在性，那麼，這個概念就會喪失一切意義，並作爲一個理論上不可能的概念被宣布爲完全無用的，而且由於對不存在的東西不能作任何應用，所以，一個理論上沒有意義的概念的實踐應用也就會完全是無稽之談。但現在，一種經驗性上無條件的因果性的概念在理論上雖然是空的（沒有適合於它的直觀），但畢竟總還是可能的，並且是與一個不確定的客體相關的，取而代之的則是在道德法則上，因而在實踐關係中賦予它意義，所以，我雖然沒有任何直觀來規定這概念的客觀的理論實在性，但它仍然

56

有可以在意向和準則中具體地表現出來的現實運用，亦即有能夠被告知的實踐實在性，這對於它甚至在本體方面的資格來說也是充分的。

但是，一個純粹知性概念在超感性事物的領域中的客觀實在性一旦被引入，從此就給其餘一切範疇提供出也是客觀的、只不過僅僅是可以在實踐上運用的實在性，儘管總是僅僅就此而言，這些範疇才與純粹意志的規定根據（道德法則）處於必然的結合之中；然而，這種客觀實在性對於這些對象的理論知識，即對於透過純粹理性對這些對象的本性的洞識，卻沒有絲毫的影響使其得以擴展。如同我們後面也將發現的那樣，這些範疇永遠只與作爲理智的存在者相關，而且在這些存在者身上也只與理性和意志的關係相關，因而始終只與實踐的東西相關，並不超出這一點進一步自詡對這些存在者有任何知識；但是，與這些範疇相結合，無論還想牽強附會地舉出屬於這樣一些超感性事物的理論表象方式的何種屬性，它們在這種情況下也全都不被算做知識，而是僅僅被算做假定和預設這些存在者的權利（但在實踐的意圖中卻完全被算做必然性），甚至在人們按照一種類比，亦即按照我們就感性存在者而言實踐上所使用的那種純粹理性關係來假定和預設超感性的存在者（如上帝）的時候，也是如此這般；這樣，就絲毫不會助長純粹理論理性由於運用於超感性的東西——但僅僅在實踐意圖上——而遊蕩到越界的東西中去。

第二章　純粹實踐理性的對象的概念

我把實踐理性的對象的概念理解爲一個作爲因自由而有的可能結果的客體之表象。因此，是實踐知識的一個對象本身，這只不過意味著意志與使這對象或者它的對立面成爲現實所借助的那個行動的關係，而對某物是不是純粹實踐理性的一個對象的評判，則只不過是對**願意**有這樣一個行動的可能性和不可能性的辨別，借助這個行動，假如我們有這方面的能力（對此必須由經驗來判斷），某個客體就會成爲現實的。如果這客體被假定爲我們的欲求能力的規定根據，那麼，該客體由於我們的力量的自由應用而來的**物理可能性**就必定先行於它是不是實踐理性的一個對象的評判。與此相反，如果先天法則能夠被視爲行動的規定根據，因而這個行動能夠被視爲由純粹實踐理性所規定的，那麼，關於某物是不是純粹實踐理性的一個對象的判斷，就完全不依賴於與我們的物理能力的比較，而問題就僅僅是：假如事情由我們控制的話，我們是否會**願意**有一個指向某個客體的實存的行動，因而這行動在**道德上的可能性**就必須先行，因爲在這裡，並非對象、而是意志的法則才是這行動的規定根據。

因此，一個實踐理性的唯一客體就是善和惡的客體。因爲人們透過前者來理解欲求能力的一個必然對象，透過後者來理解厭惡能力的一個必然對象，但兩者都依據理性的一個原則。

如果善的概念不是從一個先行的實踐法則推導出來的，而是毋寧說應當充任這個法則的根據，那麼，它就只能是這樣一種東西的概念，這種東西的實存預示著愉快，並這樣規定著主體的因果性去產生它，也就是說，規定著欲求能力。由於現在不可能先天地看出哪種表象伴隨著愉快，反之哪種表象伴隨著不快，所以，要識別直接地是善或者惡的那種東西，就僅僅取決於經驗了。這種經驗唯有與之相關才能進行的那種主體屬性，就是愉快和不快的情感，即一種屬於內部感官的接受性；而這樣，關於直接是善的東西的概念就會必然僅僅關涉快樂的感覺直接與之結合的東西，而關於絕對惡的概念就會必然僅僅與直接激起痛苦的東西相關。但由於這已經違背習慣用語，習慣用語把愜意與善區別開來，把不愜意與惡區別開來，並要求在任何時候都由理性，因而由能夠普遍地傳達的概念，而不是由侷限於個別主體及其感受性上的純然感覺來評判善和惡，但一種愉快或者不快就自身而言仍然不能先天地與一個客體的任何表象直接結合起來，所以，相信不得不把一種愉快的情感當作自己的實踐評判的根據的哲學家，就會把是達到愜意的一種手段的東西稱爲善的，而把是不愜意和痛苦的原因的東西稱爲惡，因爲對手段與目的的關係的評判當然是理性的事情。但是，儘管唯有理性才有能力看出手段與其意圖的連結（以至於人們也可以用目的的能力來定義意志，因爲目的在任何時候都是按照原則來規定欲求能力的根據），但從上述善的概念中僅僅作爲手段而產生的那些實踐準則，卻絕不包含某種單憑自身就是善的東西，而是始終只包含對於某種目的是善的東西來作爲意志的對象：這善在任何時候都只會是有用的東西，而它對之有用的東西則會必定是在意志之外處於感覺之中的。現在，如果這種感覺作爲愜意的感覺必須與善的概念區分開來，那麼，在任何地方都不會有任何直接善的東西，而是必須僅僅在達到某種別的東西，亦即達到某種愜意的手段中去尋找善。

各學派的一個古老的語式是：nihil appetimus, nisi sub ratione boni; nihil aversamur, nisi sub ratione mali〔我們不欲求任何東西，除非考慮到善；我們不拒絕任何東西，除非考慮到惡〕；而它有一種經常是正確的，但也對哲學經常是很不利的應用，因爲boni〔善〕和mali〔惡〕這兩個表述包含著一種歧義，對此應負責的是語言的侷限；根據這種歧義，它們能夠有雙重的意義，因而不可避免地使實踐法則盤桓不定，並迫使在使用這兩個表述時固然完全覺察到在同一詞那裡的概念差異，但卻不能爲此找到任何專門表述的哲學作出細膩的區分，而人們在事後亦無法對這些區分達成一致，因爲這種區別並沒有能夠用任何適當的表述直接表示出來①。

德語有幸擁有一些不使這種差異被忽視的表述。對於用拉丁語的人借助唯一的語詞bonum〔善〕來稱謂的東西，德語有兩個很不同的概念，而且也有很不同的表述：對於

① 此外，sub ratione boni〔考慮到善〕這個表述也是有歧義的。因爲它說的可能只是：如果並且由於我們欲求（意欲）某種東西，我們就把它想像爲善的；但也可能是：我們之所以欲求某種東西，乃是因為我們把它想像為善的，以至於或者欲求是作爲一種善的客體之概念的根據，或者善的概念是欲求（意志）的規定根據；因爲sub ratione boni〔考慮到善〕在第一個場合會意味著我們在善的理念下而意欲某種東西，在第二個場合會意味著我們根據這個必須作爲意欲的規定根據先行於意欲的理念而意欲某種東西。

60

bonum來說就是善和福，對於malum〔惡〕來說則是惡和禍（或者苦），以至於我們對於一個行動來說所考慮的是它的善和惡，還是我們的福和苦（禍），這是兩種完全不同的評判。由此已經得出，如果上述心理學命題被這樣翻譯：我們不欲求任何東西，除非考慮到我們的福或者苦，那麼，它至少還是很不確定的；與此相反，如果人們這樣給出它：按照理性的指示，我們不意欲任何東西，除非我們認爲它是善的或者惡的，那麼，這個命題就是無可置疑地確定的，同時是表達得完全清楚的。

福或者禍總是僅僅意味著與我們的愜意或者不愜意、快樂和痛苦狀態的一種關係，而如果我們因此而欲求或者厭惡一個客體，那麼，這只有在與我們的感性和該客體所造成的愉快和不快的情感相關時才會發生。但是，善或者惡在任何時候都意味著與意志的一種關係，只要這意志由理性法則規定，去使某種東西成爲自己的客體；就像意志絕不直接由客體及其表象來規定，而是一種使理性的規則成爲自己的行動動因（這樣一個客體就能夠成爲現實的）的能力一樣。因此，善或者惡眞正說來與行動相關，而不與個人的感覺狀態相關，而且如果某種東西應當是絕對（在一切意圖中並且無須進一步的條件）善的或者惡的，或者應當被認爲如此，那麼，它就會僅僅是行動方式，是意志的準則，從而是作爲善人或者惡人的行動著的個人本身，而不是一件可以被如此稱謂的事情。

因此，人們總是要嘲笑那個斯多亞主義者②，他在痛風極劇烈地發作時喊道：「疼痛，你儘管還這樣折磨我吧，但我永遠不承認你是某種惡的東西（*κακον*，malum）！」他畢竟是有道理的。他所感到的是一種禍，而這是他的喊叫所透露的；但是，他身上由此就有一種惡，這卻是他根本沒有理由去承認的，因爲疼痛絲毫也不減少他的人格的價值，而只是減少他的狀態的價值。哪怕他只意識到自己說過一次謊，這謊言就必定打消他的勇氣；但是，如果他意識到他並沒有因爲任何不正當的行動而招致疼痛，並由此使自己該受懲罰，那麼，疼痛則只是用來作爲使他高尚起來的誘因。

我們應當稱爲善的東西，必須在每一個有理性的人的判斷中都是欲求能力的一個對象，而惡則必須在每一個人的眼中都是厭惡的一個對象，因而要作出這種評判，除了感官之外還需要理性。與謊言相反的眞誠、與強暴相反的正義等，都是這種情況。但是，我們可以把某種東西稱爲一種禍，但同時每一個人都必須把這種禍解釋爲善的，有時是間接善的，有時乾脆是直接善的。讓人給自己做一次外科手術的人，毫無疑問覺得這手術是一種禍；但透過理性，他和每一個人都把這手術解釋爲善的。但如果有人喜歡戲弄和打擾愛好寧靜的人們，終於有一次碰了釘子，並遭到一頓痛揍，那麼，這當然是一種禍，但每個人都會爲此鼓掌叫

② 西塞羅：《圖斯庫勒論辯》，II，二十五，六十一。——科學院版編者注

好，認爲這本身是善的，即使從中並不會進一步產生什麼東西；甚至那遭到痛揍的人，也必定在他的理性中認識到，這對他來說是公正的，因爲他看到理性不可避免地向他規勸的安適與行爲得體之間的相稱在這裡精確地實現了。

當然，在我們的實踐理性的評判中，絕對有很多東西取決於我們的福和苦，而且就我們作爲感性存在者的本性而言，一切都取決於我們的幸福——如果這幸福像理性首先所要求的那樣，不是按照瞬息即逝的感覺，而是按照這種偶然性對我們的全部實存以及對這種實存的心滿意足的影響來評判的話；但並不是在根本上一切都取決於此。就人屬於感官世界而言，他是一個有需要的存在者，而且就此而言，他的理性當然在感性方面有一個不可拒絕的使命，即照顧感性的利益，並給自己制定實踐的準則，哪怕是爲了此生的幸福，可能的話也爲了來生的幸福。但是，人畢竟不完全是動物，對理性自言自語所說的一切都無所謂，把理性僅僅當作滿足他作爲感官存在者的需要的工具來使用。因爲如果理性僅僅爲了本能在動物那裡所建樹的東西而爲人效勞的話，那麼，人具有理性這一點，就根本沒有在價值上把人提高到純然動物性之上；理性在這種情況下就會只是自然利用來裝備人，以達到它給動物所規定的同一個目的的一種特殊手法，而沒有給人規定一個更高的目的。因此，人按照這種曾經對他作出的自然部署當然需要理性，以便在任何時候都考察他的福和苦，但除此之外他擁有理性還爲了一個更高的目的，也就是說，不僅也考慮就自身而言善或者惡的東西，亦即純粹的、感性上根本不感興趣的理性只是獨自能夠作出判斷的東西，而且要把這種評判與前一種評判完全區別開來，使它成爲前一種評判的最高條件。

對就自身而言善或者惡的東西的這種評判，與只是與福或者苦相關才被如此稱謂的東西不同，取決於以下幾點。要麼一個理性原則就自身而言已經被設想爲意志的規定根據，不考慮欲求能力的可能客體（因而僅僅憑藉準則的合法則形式），在這種情況下，那個原則就是先天的實踐法則，純粹理性就被看做自身是實踐的。法則在這種情況下直接規定著意志，符合法則的行動是就自己本身而言善的，一個意志的準則在任何時候都符合這法則，這意志就是絕對地、在一切意圖中都善的，並且是一切善的至上條件。要麼欲求能力的一個規定根據先行於意志的準則，意志以愉快和不快的一個客體，因而以某種使人快樂或者痛苦的東西爲前提，而促進前者避免後者的理性準則規定著行動，如同這些行動與我們的偏好相關，因而僅僅間接地（考慮到一個另外的目的，作爲該目的的手段）是善的一樣，而這些準則在這種情況下就永遠不能叫做法則，但仍然可以叫做合理性的實踐規範。這目的本身，即我們所尋求的快樂，在後一種情況中不是善，而是福；不是一個理性概念，而是關於感覺對象的一個經驗性概念。不過，使用手段來達成這個目的，亦即那個行動（由於爲此需要理性的思考）仍然是善的，但不是絕對善的，而是僅僅與我們的感性相關，就它的愉快和不快的情感而言是善的；但意志的準則由此刺激出來，這意志就不是一個純粹的意志，純粹的意志僅僅關涉這樣的東西，對這東西來說，純粹理性自身就能夠是實踐的。

這裡正是解釋一種實踐理性批判中的方法的悖論的地方：也就是說，善和惡的概念必須不是先行於道德法則（表面上必須是這概念為道德法則提供根據），而是僅僅（如同這裡也發生的那樣）在道德法則之後並由道德法則來規定。因爲即使我們並不知道道德的原則是一個純粹的、先天地規定意志的法則，但爲了不完全徒勞地（gratis）假定一些原理，我們也必須在開始的時候，至少讓意志是僅有經驗性的規定根據、還是也有純粹的先天規定根據這一點懸而未決，因爲把人們應當首先去決定的東西事先假定爲已決定的，這是違背哲學程序的一切基本規則的。假設我們現在要從善的概念開始，爲的是從中推導出意志的法則來，那麼，關於一個對象（作爲一個善的對象）的這一概念就會同時把這個對象說成是意志的唯一規定根據。現在，由於這個概念並不以任何先天實踐法則作爲它的準繩，所以，善或者惡的試金石就不能被設定在任何東西中，只能設定在對象與我們的愉快或者不快的情感的一致中，而理性的應用就只能在於，有時在與我的存在的一切感覺的整個聯繫中去規定這種愉快或者不快，有時去規定使我獲得這種愉快或者不快的對象的種種手段。現在，既然什麼東西是符合愉快的情感的，這唯有透過經驗才能夠澄清，而實踐法則據說應當建立在作爲條件的這種東西上面，所以，先天實踐法則的可能性就會被直截了當地排除了：因爲人們指的是認爲事先有必要爲意志找出一個對象來，關於它的概念作爲一個善的概念就必定會構成普遍的、儘管是經驗性的規定根據。但是，畢竟有必要事先研究的是，是否也會有意志的一種先天的規定根據（這個根據絕不會在別的什麼地方，只會在一個純粹的實踐法則中被發現，而且是就這法則不考慮某個對象而給準則規定純然合法則的形式而言的）。但是，由於人們已經把一個對象按照善和惡的概念當作一切實踐法則的根據，而那個對象沒有先行的法則，就只能按照經驗性的概念來設想，所以，人們已經預先取消哪怕只是設想一個純粹實踐法則的可能性；因爲與此相反，如果人們事先分析地探究過純粹實踐法則的話，就會發現不是作爲一個對象的善的概念規定道德法則並使之成爲可能，而是反過來，道德法則首先對善的概念就善完全配得上這一名稱而言予以規定並使之成爲可能。

這個僅僅涉及至上的道德研究的方法的說明，是很重要的。它一下子就解釋了哲學家們在道德的至上原則方面的一切失誤的誘發根據。因爲他們尋找意志的一個對象，以便使它成爲一個法則的質料和根據（這樣一來，這個法則就不應當是直接地，而是借助於被交給愉快或者不快的情感的那個對象而成爲意志的規定根據），而他們本應當首先探究一個先天地直接規定意志、並按照這意志才來規定對象的法則。這時，他們想把這個愉快的對象，即據說提供善的至上概念的對象，設定在幸福中，設定在完善中，設定在道德情感中，或者設定在上帝的意志中，這樣，他們的原理就總是他律，他們就必定不可避免地遭遇到一個道德法則的諸經驗性條件：因爲他們唯有按照意志對永遠都是經驗性的情感的直接態度，才能把他們的作爲意志的直接規定根據的對象稱爲善的或者惡的。唯有一個形式的法則，亦即僅僅將理性的普遍立法形式規定給理性作爲各準則的至上條件的這樣一個法則，才能夠先天地是實踐理性的一個規定根據。古人們在這方面毫不掩飾地暴露出這種錯誤，因爲他們把自己的道德研究完全建立在對至善概念的規定上，因而建立在對一個對象的規定上，然後他們又想使這對象在道德法則中成爲意志的規定根據：這是在道德法則首先自己得到證明並作爲意志的直接規定根據得到辯護以後很久、才能對從此在其形式上先天地得到規定的意志表現爲對象的一個客體，這件事我們要在純粹實踐理性的辯證論中放膽去做。在近代人這裡，關於至善的問題看來已經過時，至少已經僅僅是次要的問題，他們把上述錯誤（如同在許多別的場合裡那樣）隱藏在一些未經規定的語詞後面，然而，人們仍然發現這錯誤從他們的體系中顯露出來，因爲在這種情況下，這種錯誤到處都暴露出實踐理性的他律，從中永遠也不可能產生出一個先天普遍地頒布命令的道德法則。

現在，既然善和惡的概念作爲對意志的先天規定的結果也是以一個純粹的實踐原則，因而以純粹理性的一種因果性爲前提的，所以，它們原初並不像純粹的知性概念或者作理論應用的理性的範疇那樣（例如，作爲被給予的直觀的雜多在一個意識中的綜合統一的種種規定）與客體相關，毋寧說，這些概念或者範疇是把客體預設爲被給予的；相反地，善和惡的概念全都是一個唯一的範疇，亦即因果性範疇的模態，只要它們的規定根據在於一個因果性法則的理性表象，理性把這法則作爲自由的法則立給自己，並由此先天地證明自己是實踐的。然而，既然行動一方面雖然在一個本身並不是自然法則，而是自由法則的法則之下，因而屬於理知的存在者的行爲，但另一方面卻也作爲感官世界中的事件而屬於顯象，所以，一個實踐理性的種種規定將唯有與感官世界相關才能夠發生，因而雖然是符合知性範疇的，但卻不是爲了知性的一種理論應用，以便把（感性）直觀的雜多置於一個先天的意識之下，而是僅僅爲了使欲求的雜多服從一個在道德法則中頒布命令的實踐理性，或者一個純粹的先天意志的意識的統一性。

這些自由範疇，因爲我們要這樣稱謂的是它們，而不是那些作爲自然範疇的理論概念，它們就對後者具有明顯的優越性，即由於後者只是一些僅僅不確定地透過普遍概念爲任何對我們來說可能的直觀表明一般客體的思想形式，前者卻與此相反，關涉的是一種自由的任性的規定（雖然不能完全相應地給予這種規定以任何直觀，但這種規定卻先天地以一個純粹實踐法則爲基礎，這是在我們的認識能力的理論應用的任何概念那裡都不曾出現的），所以，作爲實踐的要素概念，就不以並不存在於理性本身中，必須從別的地方，亦即從感性中得來的直觀形式（空間和時間）爲基礎，而是以在理性中，因而在思維能力本身中作爲被給予的某種純粹意志的形式爲基礎。由此就發生了如下情況，即由於在純粹實踐理性的一切規範中所涉及的只是意志的規定，而不是實現意志的意圖的（實踐能力的）自然條件，所以，先天的實踐概念在與自由的至上原則相關時立刻就成爲知識，可以不爲了獲得意義而期待直觀，而且是出自這一值得注意的理由，即它們是自己產生出它們與之相關的東西的現實性（意志的意向）的，而這根本不是理論概念的事情。只不過人們千萬要注意，這些範疇所關涉的只是一般的實踐理性，並這樣在它們的秩序中，從道德上尚未規定的和以感性爲條件的範疇前進到不以感性爲條件的，僅僅由道德法則來規定的範疇。

人們在這裡很快就將察覺，在下表中，自由就透過它而可能的那些作爲感官世界中的

善與惡的概念方面的自由範疇表

<table>
<tr><td colspan="2">1.
量
主觀的、按照準則的（個人的意志意見）
客觀的、按照原則的（規範）
先天地既是客觀的，又是主觀的自由原則（法則）</td></tr>
<tr><td>2.
質
踐行的實踐規則
（praeceptivae〔指令性的〕）
捨棄的實踐規則
（prohibitivae〔禁止性的〕）
例外的實踐規則
（exceptivae〔除外性的〕）</td><td>3.
關係
與人格的關係

與個人狀態的關係

個人與其他個人的狀態的交互關係</td></tr>
<tr><td colspan="2">4.
模態
允許的事情和不允許的事情
義務和違背義務的事情
完全的義務和不完全的義務</td></tr>
</table>

顯象的行動而言，被視爲一種並不服從經驗性的規定根據的因果性，因而與這些行動的自然可能性的諸範疇相關。然而，每個範疇都被看做是如此普遍的，以至於那個因果性的規定根據也能夠被認定是外在於感官世界而處在作爲一個理知存在者的屬性的自由之中，直到諸模態範疇引入從一般的實踐原則向道德原則的過渡，但這種引入只是或然的，然後道德原則才能夠透過道德法則被獨斷地展示出來。

我在這裡對目前這個表的解釋不再附加任何東西，

因爲它自身就是足夠明晰的。這樣的按照原則擬定的劃分，無論是在它的徹底性上、還是在明晰性上，都是很有助於一切科學的。例如，人們從上表及其第一欄馬上就知道，我們在實踐的考慮中必須從哪裡開始：從每個人建立在他的偏好之上的準則開始，從有理性的存在者就其在某些偏好上相一致而言對它們的類都有效的規範開始，最後是從對一切人都有效而不管它們的偏好的法則開始等等。以這種方式，人們就概覽了我們應當作的事情的整個計畫，甚至概覽了實踐哲學的每一個必須回答的問題，同時概覽了必須遵循的次序。

純粹實踐判斷力的模型論

善和惡的概念，首先爲意志規定一個客體。但它們自身卻服從理性的一條實踐規則，如果理性是純粹理性的話，這條規則就先天地在意志的對象方面規定意志。現在，一個在感性中對我們來說可能的行動是不是服從這條規則的情況，對此就需要實踐的判斷力了。透過實踐的判斷力，在規則中被普遍地（抽象地）說出的東西就被具體地應用到一個行動上。但是，由於純粹理性的一條實踐規則，第一，作爲**實踐**的而涉及一個客體的實存；第二，作爲純粹理性的**實踐規則**而帶有就行動的存在而言的必然性，因而是實踐的法則，而且不是透過經驗性的規定根據而來的自然法則，而是一個自由法則，按照這法則，意志應當是能夠獨立於一切經驗性的東西（僅僅透過一個一般法則及其形式的表象）而得到規定的，但對於可能行動來說所出現的一切情況卻都只能是經驗性的，亦即屬於經驗和自然。所以，看起來荒唐的是，要在感官世界發現一種情況，它既然就此而言永遠僅僅服從自然法則，卻又允許一條自由法則運用於其上，而且應當在其中具體地展示出來的道德上的善的超感性理念也能夠運用於其上。因此，純粹實踐理性的判斷力承受著與純粹理論理性的判斷力同樣的一些困難，但後者手中仍然有走出這些困難的一種手段，也就是說，因爲就理論應用而言，事情取決於純粹知性概念能夠運用於其上的直觀，這些直觀（儘管只是關於感官對象的）畢竟能夠先天地，從而就雜多在其中的連結而言先天地按照純粹知性概念（作爲圖型）被給予出來。與此相反，道德上的善是某種按照客體來說超感性的東西，因而不可能爲它在感性直觀中找到某種相應的東西，所以，從屬於純粹實踐理性的法則的判斷力，看來就承受著一些特殊的困難。這些困難乃是基於，一條自由法則應當被運用於作爲事件的行動，而這些事件卻是在感官世界中發生的，因而就此來說屬於自然。

然而，這裡卻又給純粹的實踐判斷力展開了一個有利的前景。在把一個在感官世界中對我來說可能的行動歸攝在一個純粹實踐法則之下時，並不涉及該行動作爲感官世界中的一個事件的可能性，因爲這可能性應當由理性的理論應用按照因果性法則來評判，因果性是一個純粹知性概念，理性在感性直觀中對這一概念有一個圖型。物理的因果性或者它的發生所服從的條件隸屬於自然概念，這些概念的圖型是先驗的想像力所擬定的。但這裡所涉及的不是一種按照法則的情況的圖型，而是一個法則本身的圖型（如果這個詞在這裡合適的話），因爲**意志規定**（不是與其後果相關的行動）僅僅透過法則而無須一個別的規定根據，就把因果性概念與完全不同於構成自然連結的那些條件的種種條件結合起來了。

自然法則作爲感性直觀的對象本身所服從的法則，必須有一個圖型，亦即想像力的一種普遍的程序（把法則所規定的純粹知性概念先天地展示給感官）與之相應。但對於自由法則（作爲一種根本不是感性上有條件的因果性），因而甚至對於無條件的善的概念，卻不能爲了其運用而具體地加上任何直觀，從而加上任何圖型。所以，道德法則除了知性（不是想像力）之外，就沒有別的促成其在自然對象上的運用的認識能力了，而知性能加給一個理性理念的並不是一個感性**圖型**，而是一個法則，但卻是這樣一個能夠在感官對象上具體得到展示的法則，因而是一個自然法則，但只是就其形式而言，是爲了判斷力的法則，因此，我們可以把這法則稱爲道德法則的**模型**。

純粹實踐理性的諸法則之下的判斷力的規則就是這條規則：問一問你自己，你打算採取的行動如果應當按照你自己也是其一部分的自然的一條法則發生的話，你是否能夠把它視爲透過你的意志而可能的。實際上，每個人都在按照這條規則來評判行動在道德上是善的還是惡的。於是人們說：如果**每一**個人在他相信設法得到自己的好處時都允許自己去行騙，或者一旦他產生對生活的完全厭倦就認爲有權縮短自己的生命，或者對別人的急難視若無睹，而你卻一起置身於事物的這樣一種秩序中，那麼，你會怎樣對待你的意志的贊同呢？現在，每一個人都知道：如果他允許自己暗中行騙，並不是每一個人都會因此而這樣做，或者如果他不被察覺地心腸硬，並不是每一個人都會馬上也這樣對待他，因此，他的行動的準則與一條普遍的自然法則的這種比較也並不是他的意志的規定根據。但是，自然法則畢竟是評判他的行動的準則的一個模型。如果行動的準則不是這樣的性狀，使它經受一般自然法則的形式的檢驗，它在道德上就是不可能的。甚至最普通的知性也是這樣作判斷的，因爲自然法則永遠是知性的一切最平常的判斷，甚至經驗判斷的基礎。因此，知性在任何時候都持有自然法則，只是在應當對出自自由的因果性作出評判的那些場合裡，它僅僅使那個自然法則成爲自由法則的模型罷了，因爲知性如果不持有某種它能夠使之成爲經驗場合中的實例的東西，就不能使一個純粹實踐理性的法則在運用時獲得應用。

因此，把感官世界的自然用做一個理知的自然的模型，這也是允許的，只要我不把直觀和依賴於直觀的東西轉用到後一種自然上，而是僅僅把一般合法則性的形式（其概念甚至出現在最普通的理性應用中，但並不是在於別的任何意圖，而僅僅是爲了理性的純粹實踐應用才能夠先天確定地被認識）與之相聯繫。因爲法則本身就此而言是一樣的，不管它們會從何處取得自己的規定根據。

此外，既然在一切理知的東西中，絕對只有（憑藉道德法則的）自由，而且自由也只是就它是一個與道德法則不可分割的預設而言，此外還有自由按照那個法則的指導會把我們導向的所有那些理知對象，才又對我們來說不具有別的任何實在性，而僅僅具有爲了同一個道德法則和純粹實踐理性的應用的實在性，但純粹實踐理性有權利，亦有必要把自然（根據其純粹知性形式）用做判斷力的模型，所以，目前這個說明乃是用來防止把僅僅屬於概念的模型論的東西算做概念本身。因此，這個模型論作爲判斷力的模型論，保護人免受實踐理性的經驗論的危害，這種經驗論把善和惡的實踐概念僅僅設定在經驗後果（所謂的幸福）之中，儘管幸福和一個由自愛規定的意志的那些極爲有用的後果在這個意志同時使自己成爲普遍的自然法則時，當然可以用做道德上的善的完全合適的模型，但與這個模型畢竟不是一回事。這同一個模型論也保護人免受實踐理性的神祕主義的危害，這種神祕主義把只是用做象徵的東西當作圖型，也就是把現實的但卻非感性的直觀（對一個不可見的上帝之國的直觀）加給道德概念的運用，而漫遊到越界的東西裡面。唯有判斷力的理性論才適合道德概念的應用，它除了理性自己也能夠思維的東西，亦即合法則性之外，不再從感性自然中索取任何東西，而且除了反過來透過感官世界中的行動，按照一般自然法則的形式規則現實地得以展示的東西之外，不把任何東西帶進超感性的自然。然而，對實踐理性的經驗論的防範卻更爲重要和更爲值得推薦得多，因爲神祕主義畢竟還是與道德法則的純粹性和崇高性共容的。此外，把道德法則的想像力拔高到超感性的直觀，這也是不那麼自然，不那麼適合普通的思維方式的，因而在這方面危險並不是那麼普遍。與此相反，經驗論則在意向中（人類能夠和應當透過行動使自己獲得的高尚價值畢竟在於意向，而不僅在於行動）把道德連根拔除，並將某種完全不同的東西，亦即諸偏好一般而言在自己中間推動交往所憑藉的一種經驗性的利益，來取代義務而加給意向。此外，也正因爲如此而連同一切如果被提高到一個至上的實踐原則的尊嚴就將貶低人類的偏好（不管它們被剪裁成什麼樣子），並由於這些偏好仍然如此有利於一切人的性情，出自這一原因而比所有的狂熱都更爲危險，後者絕不能構成許多人的一種持久狀態。

第三章　純粹實踐理性的動機

行動的一切道德價值的本質，取決於道德法則直接規定意志。如果對意志的規定雖然是按照道德法則發生的，但卻是借助於一種情感，不管爲了使道德法則成爲意志的充足規定根據而必須預設的這種情感是什麼性質，因而不是為了這法則而發生的，那麼，這行動就將雖然包含合法性，卻不包含道德性。現在，如果動機（elater animi（靈魂的激動））被理解爲一個存在者的意志的主觀規定根據，這個存在者的理性並不是已經由於它的本性就必然符合客觀法則，那麼，由此將首先得出：人們根本不能賦予屬神的意志以任何動機，但屬人的意志（以及任何被造的有理性存在者的意志）的動機絕不能是某種別的東西，只能是道德法則，因而客觀的規定根據在任何時候都必須是、並且唯有它才同時必須是行動的主觀上充分的規定根據，如果這行動不是僅僅應當實現法則的字句，卻不包含法則的精神①的話。

因此，既然人們爲了道德法則的緣故，並且爲了使它獲得對意志的影響，必須不尋求任何另外的、有可能缺乏道德法則的動機，因爲這一切會造成不能持久的十足僞善，甚至哪怕只是除道德法則之外還讓一切別的動機（作爲好處的動機）一起發揮作用，這也是令人憂慮的。所以，剩下來的就無非是審慎地去規定，道德法則以何種方式成爲動機，以及由於動機

① 對於任何合乎法則但卻不是爲了法則而發生的行動，人們都可以說：它僅僅按照字句、但並非按照精神（意向）是道德上善的。

是道德法則，對於人的欲求能力來說，將發生什麼事情來作爲那個規定根據對人的欲求能力的作用。因爲一條法則如何能夠獨自並且直接成爲意志的規定根據（這畢竟是一切道德性的本質），這是一個對於人的理性來說無法解決的問題，而且與一個自由意志如何可能的問題是一回事。因此，我們將要先天地指出的，不是道德法則在自身中充當一個動機由以出發的根據，而是就道德法則是這樣的動機而言，這動機在心靈中所起的（更準確地說，必然起的）作用。

由道德法則對意志所作的一切規定的本質就是：意志作爲自由的意志，因而並不僅僅是沒有感性衝動的參與，而且是甚至拒絕一切感性衝動，並在一切偏好可能違背那個法則時就中止這些偏好，這意志是僅僅由法則來規定的。所以就此而言，道德法則作爲動機的作用僅僅是否定的，而且作爲這樣的動機，這動機是能夠被先天地認識的。因爲一切偏好以及任何感性衝動都是基於情感的，而對情感（透過偏好所遭到的中止）的否定作用本身也是情感。所以，我們可以先天地看出，道德法則作爲意志的規定根據，由於它損害我們的一切偏好，就必定會造成一種可以被稱爲痛苦的情感，而且在這裡我們就有了第一個實例，也許還是唯一的實例，在其中，我們有可能從概念出發先天地規定一種知識（在這裡就是一種純粹實踐理性的知識）與愉快或者不快的情感的關係。所有的偏好一起（它們當然也可以被歸入一個尚可忍受的體系，而它們的滿足在這種情況下就叫做自己的幸福）構成了自私（solipsismus〔唯我主義〕）。這種自私要麼是自愛的，即對自己本身的一種超出一切的寵愛的自私（Philautia〔愛己〕），要麼是對自己感到滿意的自私（Arrogantia〔自負〕）。前者特別叫做自重，後者特別叫做自大。純粹實踐理性對自重所做的僅僅是中止，因爲它把這樣一種自然的、且在道德法則之前就在我們心中活躍的自重，僅僅限制在與這個法則相一致的條件上，然後這自重就被稱爲有理性的自愛。但純粹實踐理性卻乾脆擊毀自大，因爲在與道德法則相一致之前發生的對自我賞識的一切要求都是一錢不值的和沒有資格的，因爲恰恰與這個法則相一致的一個意向的確定性乃是人格的一切價值的第一條件（如我們馬上就將說明的那樣），而一切先於這個條件的妄求都是錯誤的和違背法則的。現在，就自我賞識僅僅基於感性而言，這種癖好也屬於道德法則所中止的偏好之列。所以，道德法則擊毀自大。但既然這個法則畢竟還是某種就自身而言肯定的東西，也就是一種理智的因果性的形式，亦即自由的形式，所以，由於它與主觀上的對立物，亦即我們心中的偏好相反在削弱自大，它同時就是敬重的一個對象，而且由於它甚至擊毀自大，亦即使之謙卑，它就是最大的敬重的對象，因而也是一種肯定的情感的根據，這種情感沒有經驗性的起源，是被先天地認識的。因此，對道德法則的敬重是一種透過一個理智根據造成的情感，而這種情感是唯一我們能夠完全先天地認識，我們能夠看出其必然性的情感。

我們在上一章已經看到：凡是先於道德法則作爲意志的客體呈現出來的東西，都透過這個作爲實踐理性的至上條件的法則本身，被以無條件的善的名義從意志的規定根據中排除了，而且，存在於準則對普遍立法的適用性之中的純然實踐形式，首先規定著就自身而言且絕對地善的東西，並建立起一個純粹意志的準則，唯有這個純粹意志才在一切意圖中都是善的。但這時，我們發現我們作爲感性存在者的本性具有這樣的性狀，即欲求能力的質料（偏好的對象，無論這偏好是希望還是恐懼）首先情不自禁地產生，而我們在病理學上可規定的自我，雖然透過自己的準則是完全不適用於普遍的立法的，但仍然致力於預先提出自己的要求，並把這些要求當作最先的和原始的要求提出，就好像這自我構成了我們的整個自我一樣。人們可以把這種按照其任性的主觀規定根據使自己成爲一般意志的客觀規定根據的癖好稱爲**自愛**，這種自愛如果使自己成爲立法者、成爲無條件的實踐原則，就可以叫做**自大**。現在，唯有道德法則才眞正（亦即在一切意圖中）是客觀的，它完全排除自愛對至上的實踐原則的影響，並無限地中止把自愛的主觀條件指定爲法則的自大。如今，在我們自己的判斷中中止我們的自大的東西，就是使人謙卑的東西。因此，道德法則不可避免地使每一個人謙卑，因爲每一個人都把自己的本性的感性癖好與道德法則作比較。其表象作為我們的**意志的規定根據**而在我們的自我意識中使我們謙卑的東西，就其是肯定的、是規定根據而言，獨自就喚起**敬重**。因此，道德法則即便在主觀上也是敬重的一個根據。既然在自愛中遇到的一切東西都屬於偏好，而一切偏好都基於情感，因而在自愛中將一切偏好全都中止的東西恰恰因此而必然對情感有影響，所以我們就領會到，如何可能先天地看出，道德法則透過排除偏好和使這些偏好成爲至上的實踐條件的癖好，亦即自愛對至上的立法的任何參與，就能夠對情感發揮作用，這種作用一方面是純然否定的，另一方面，確切地說在純粹實踐理性

75

的限制性根據方面，則是肯定的，以及爲什麼根本不可以把任何特殊種類的情感，以一種實踐情感或者道德情感的名義假定爲先行於道德法則並爲之奠定基礎的。

對情感（麻煩的情感）的否定性作用，如同對情感的一切影響以及如同任何一般情感一樣，是**病理學的**。但作爲道德法則的意識的作用，因而在與一種理知的原因，亦即作爲至上立法者的純粹實踐理性的主體的關係中，一個有理性的被偏好所刺激的主體的這種情感雖然叫做謙卑（理智的輕視），但在與這種謙卑的肯定的根據，亦即法則的關係中，同時又叫做對法則的敬重，對於這種法則來說根本沒有任何情感發生，而是在理性的判斷中，由於掃清了道路上的阻力，對一個障礙的清除就被等同於對這因果性的一種肯定的促進。因此，這種情感也可以被稱爲對道德法則的一種敬重的情感，而共同出自這兩個理由，它也可以被稱爲**一種道德情感**。

因此，道德法則就像它透過實踐的純粹理性而是行動的形式上的規定根據一樣，就像它以善和惡的名義也是行動對象的質料上的、但卻只是客觀的規定根據一樣，它也是這個行動的主觀規定根據，亦即動機，因爲它對主體的感性有影響，並造成一種能夠促進法則對意志的影響的情感。在這裡，主體中沒有任何與道德性相配的情感預先發生。這本是不可能的，因爲一切情感都是感性的；但道德意向的動機卻必須是沒有任何感性條件的。毋寧說，爲我們的一切偏好奠定基礎的感性情感雖然是我們稱爲敬重的那種感覺的條件，但規定這情感的原因卻在純粹實踐理性裡面，因此，這種感覺由於其起源就不能叫做病理學的，而

76 必須是實踐地造成的，因爲道德法則的表象剝奪了自愛的影響和自大的妄念，這就減少了純粹實踐理性的障礙，並產生出其客觀法則對感性衝動的優勢的表象，因而在理性的判斷中相對地（就一個被感性衝動所刺激的意志而言）透過除去對立的重量而產生出其法則的重量。而這樣一來，對法則的敬重就不是道德的動機；相反地，它就是主觀上作爲動機來看的道德本身，因爲純粹實踐理性由於與自愛相對立而拒絕了自愛的一切要求，從而使現在唯一有影響的法則獲得了威嚴。在此要注意的是：就像敬重是對情感，從而是對一個有理性的存在者的感性的一種作用一樣，這種情感也以這種感性，從而以道德法則使其擔負起敬重的這樣一些存在者的有限性爲前提條件，而對於一個最高的、或者甚至擺脫了一切感性的、因而感性也不可能是其實踐理性的障礙的存在者來說，是不能賦予它對法則的敬重的。

因此，這種情感（以道德情感的名義）是僅僅由理性造成的。它並不用來評判行動，或者乾脆去建立客觀的道德法則本身，而是僅僅用做動機，以便使道德法則在自身中成爲準則。但是，人們能夠給這種特殊的、不能與任何病理學的情感相比較的情感更恰當地配上一個什麼樣的名稱呢？它具有如此獨特的性質，即它僅僅受理性，確切地說受實踐的純粹理性的支配。

敬重在任何時候都僅僅關涉人，而絕不關涉事物。後者能夠在我們心中喚起偏好，而且如果是動物（例如馬、狗等）的話，甚至能夠喚起愛，或者還喚起恐懼，例如大海、一座火山、一頭猛獸，但絕不能喚起敬重。某種已經接近於這種情感的東西就是驚讚，而驚讚作爲情緒，亦即驚奇，也能夠關涉事物，例如參天的山峰，天體的巨大、繁多和遙遠，一些動物的強壯和速度等等。但這一切都不是敬重。一個人對我來說也能夠是一個愛的對象、恐懼的對象、或者驚贊的對象，甚至達到驚奇，但並不能因此就是敬重的對象。他的風趣的性情、他的勇氣和強壯、他的力量，透過他在別人中間具有的地位，都能夠引起我的這樣一些感覺，但總是還缺乏對他的內在敬重。封德耐爾說：「在一個貴人面前我鞠躬，但我的精神不鞠躬。」我可以補充說：在一個身分低微的普通市民面前，如果我在他身上察覺到我在自己本人身上沒有意識到的某種程度的品格正直的話，我的精神鞠躬，不管我願意還是不願意，哪怕我依然昂首挺胸，以免他忽視我的優越地位。這是爲什麼呢？他的榜樣給我出示了一條法則，當我把它與我的舉止相比較，並親眼看到事實證明了對這條法則的遵循，從而證明了這條法則的可行性時，它就擊毀了我的自大。此時，我也可能意識到一種同等程度的正直，而敬重也依然如故。因爲既然在人身上一切善總是有缺陷的，所以，法則透過一個實例而直觀化，就總是擊毀我的驕傲。對此，我親眼看到的這位人士就充當著一個尺度，他總還是可能帶有的不純潔性對我來說並不像我自己的不純潔性那樣爲我所熟知，因而他對我來說就顯得更純粹。敬重是我們無論願意或者不願意，都不會拒絕給予功德的一種稱讚；我們頂多可以在表面上不露聲色，但我們卻不能防止在內心中感到這種敬重。

很難說敬重是一種愉快的情感，以至於人們就一個人而言只是不情願地聽任自己敬重。人們試圖找出某種東西能夠減輕我們敬重的負擔，找出某種瑕疵，以便補償由於這樣一個榜樣使我們產生的謙卑所造成的損失。就連死去的人，尤其是當他們的榜樣顯得無法效仿時，也並不總是倖免於這種批判。甚至道德法則，即使其莊重威嚴，也蒙受著這樣一種抵制對它的敬重的努力。人們難道認爲，除了人們想要擺脫如此嚴厲地責備我們自己的不配的這種令人害怕的敬重之外，人們之所以喜歡把道德法則貶低成爲我們親切的偏好，可以歸咎於某種別的原因嗎？難道爲了使道德法則成爲我們自己應當注意的好處的可愛規範，所作出的這一切努力都是出自別的原因嗎？儘管如此，這裡面畢竟也很難說有什麼不快：人們一旦放棄了自大並允許那種敬重有實踐的影響，就又能夠對這個法則的壯麗百看不厭，而且靈魂在看到這個神聖的法則高踞於自己和自己的脆弱本性之上時，就相信在同樣的程度上提高了自己。雖然偉大的天才們和與他們相稱的活動也可以造成敬重或者一種與敬重類似的情感，而且把這種情感獻給他們也是完全合適的，而此時看起來就好像驚讚與那種感覺是一回事。然而，人們如果更仔細地觀察，就將注意到，既然在這種技巧上生而具有的天才占多大比例，透過自己的勤奮而來的修養占多大比例，這永遠還是不確定的，所以，理性就以揣測的方式把這種技巧向我們表現爲修養的結果，因而表現爲功德，這明顯地降低了我們的自大，並且要麼在這方面責備我們，要麼責成我們以適合於我們的方式來追隨這樣一個榜樣。因此，它並不是純然的驚讚，它是我們對這樣一個人物（眞正說來是對他的榜樣向我們出示的法則）表示的敬重；這一點也由此得到證實，即成群平庸的傾慕者在相信從別的什麼地方打聽到了這樣一個人物（如伏爾泰）品性上的劣跡時，就放棄了對他的所有敬重，但眞正的學者卻至少著眼於他的天才，還總是感到這種敬重，因爲他本人捲入一種事務和職業中，這就使他在某種程度上把效仿此人當成他的法則。

因此，對道德法則的敬重是唯一的、同時無可懷疑的道德動機，就像這種情感也不指向任何別的客體，而只指向出自這個根據的客體一樣。首先，道德法則客觀地和直接地在理性的判斷中規定著意志，但其因果性唯有透過法則才能得到規定的自由卻正是在於，它把一切偏好，因而把對人格本身的賞識都限制在對其純粹法則的遵循這個條件上。現在，這種限制就對情感發生作用，並產生出從道德法則出發能夠先天地認識到的不快的情感。但是，既然這種限制僅僅就此而言是一種否定性的作用，它作爲從一個純粹的實踐理性的影響中產生出來的作用，尤其在偏好是主體的規定根據時中止主體的活動，從而中止對他的個人價值（這種價值不與道德法則相一致就被貶爲一錢不值）的意見，所以，法則對情感的這種作用就僅僅是使之謙卑，因爲我們雖然能夠先天地看出這種使之謙卑，但在它這裡卻不能認識到作爲動機的純粹實踐法則的力量，而只能認識到對感性動機的阻抗。但是，既然同一個法則畢竟在客觀上、亦即在純粹理性的表象中是意志的一個直接的規定根據，因而這種使之謙卑只是相對於法則的純粹性才發生，所以，在感性方面對道德上的自我賞識的要求的貶低，亦即使之謙卑，就是在理智方面對法則本身的道德賞識，亦即實踐賞識的提高，一言以蔽之，就是對法則的敬重，因而也是一種就其理智原因而言的肯定性情感，這種情感是被先天地認識到的。因爲對一個活動的障礙的任何一種減少，都是對這個活動本身的促進。但是，對道德法則的承認就是對實踐理性出自客觀根據的一個活動的意識，這個活動只是由於主觀原因（病理學的原因）對它的阻礙才沒有在行動中表現出它的作用。所以，對道德法則的敬重也必須被看做這法則對情感的肯定的、但卻間接的作用，只要這法則透過使自大變得謙卑而削弱各種偏好的阻礙性影響，因而也必須被看做活動的主觀根據，亦即被看做遵循這法則的動機，以及被看做一種符合這法則的生活風格的種種準則的根據。從動機的概念中產生出一種興趣的概念，這興趣永遠只能賦予一個有理性的存在者，並且指的是意志的動機，只要這動機透過理性被表現出來。既然法則本身在一個道德上善的意志中必須是動機，所以，道德上的興趣就是純然實踐理性的一個純粹的、擺脫感官的興趣。在興趣的概念之上，也建立起一個準則的概念。因此，準則也只有在它基於人們對遵循法則所懷有的純然興趣時，才在道德上是純正的。但所有這三個概念，即動機概念、興趣概念和準則概念，都只能被運用於有限的存在者。因爲它們全都以一個存在者的本性的一種受限制性爲前提條件，原因在於該存在者的任性的主觀性狀與一個實踐理性的客觀法則並不是自動地協調一致的；這就有一種透過推動某種東西而活動的需要，因爲某種內在的障礙是與這種活動相對立的，因此，這些概念不能運用於屬神的意志。

在對純粹的、被去除了一切利益的道德法則的無限尊崇中，有某種如此特別的東西，就像實踐理性把它表現給我們來遵循那樣，而實踐理性的聲音甚至使最大膽的惡徒也感到戰慄，並迫使他躲避這法則的目光一樣，以至於不必爲發現純然理智的理念對情感的這種影響

80

對於思辨理性來說無法解釋，不得不滿足於畢竟還能先天地看出這樣一種情感不可分割地與每個有限的理性存在者心中的道德法則的表象結合在一起，而感到奇怪。假如這種敬重的情感是病理學的，因而是一種基於內部感官的愉快情感，那麼，要揭示這敬重與某個先天理念的結合就會是白費力氣了。但現在，它是一種僅僅關涉實踐的東西的情感，而且這種情感僅僅按照法則的形式，而不是由於法則的某個客體而與法則的表象相聯繫的，因而既不能被算做快樂，也不能被算做痛苦，儘管如此卻產生出對遵循法則的一種興趣，我們把這興趣稱爲道德興趣，就像對法則有這樣一種興趣的能力（或者對道德法則本身的敬重）眞正說來也是道德情感一樣。

意志對法則的一種自由的服從，是與一種不可避免的、但僅僅由自己的理性施之於一切偏好的強制結合在一起的，這種意識就是對法則的敬重。要求並且也引起這種敬重的法則，如人們看到的那樣，不是別的法則，而只是道德法則（因爲沒有任何別的法則排除一切偏好對意志的影響的直接性）。行動按照這一法則借排除一切出自偏好的規定根據而在客觀上是實踐的，就叫做義務。義務因這種排除之故而在其概念中如此不情願地包含著實踐上的強迫，亦即去行動的規定，不論這些行動如何發生。從這種強迫的意識產生的情感不是病理學的，不是作爲這樣一種由感官的一個對象引起的情感，而是僅僅實踐上的，亦即透過一個先行的（客觀的）意志規定和理性的因果性才可能的。因此，作爲對一個法則的服從，亦即作爲命令（它對受到感性刺激的主體宣布強制），這種情感並不包含任何愉快，而是就此而言毋寧說在自身中包含著對行動的不快。但相反地，既然這種強制只是透過自己的理性的立法而實施的，這情感也包含著提升，因而對情感的主觀作用，就純粹的實踐理性是其唯一的原因而言，可以叫做只是純粹實踐理性方面的自我批准，因爲人們認識到自己是沒有任何興趣而僅僅透過法則被規定爲這樣的，並從此意識到一種完全不同的、由此而在主觀上產生出來的興趣，這興趣是純粹實踐的和自由的，對一個合乎法則的行動有這種興趣，絕不是一種偏好建議的，而是理性透過實踐法則絕對地命令以及現實地產生的，但因此也就帶有一個完全獨特的名稱，即敬重這個名稱。

因此，義務的概念在客觀上要求行動與法則一致，但在主觀上則要求行動的準則對法則的敬重，作爲法則對意志的唯一規定方式。合乎法則地行動的意識和出自義務，亦即出自對法則的敬重而行動的意識之間的區別就基於這一點，其中前者（合法性）即便在僅僅偏好是意志的規定根據的時候也是可能的，但後者（道德性），即道德價值，則必須僅僅被設定在這一點上，即行動乃是出自義務而發生的，亦即僅僅爲了法則的緣故而發生的②。

81

② 如果仔細地斟酌對人格的敬重這個概念，就像它在前面已被闡明的那樣，那麼，人們就將察覺到，它總是基於一種給我們出示一個實例的義務的意識，所以，敬重絕不能有一個別的根據，而只能有一個道德上的根據，而在我們使用這一表述的地方，處處都注意人在他的評判中對道德法則持有的那種隱祕的和值得驚歎的、但在此也經常出現的顧忌，這是很好的，甚至在心理學方面對人的知識也是很有用的。

在一切道德評判中極爲仔細地注意一切準則的主觀原則，以便把行動的一切道德性設定在行動出自**義務**和出自對法則的敬重，而不是出自對這些行動應當產生的東西的喜愛和好感的必然性上，這是極爲重要的。對於人以及一切被創造的理性存在者來說，道德的必然性都是強迫，亦即責任，而基於責任的行動都必須被表現爲義務，而不是被表現爲一種已經被自己所喜愛、或者能夠被自己所喜愛的做法。就好像我們在某個時候能夠做到，無須與對逾越的恐懼或者至少是擔憂相結合的那種對法則的敬重，我們就能夠像那超越一切依賴性的神祇那樣自發地彷彿是透過意志與道德法則的一種已經成了我們的本性的、永遠不可更移的一致（因此，既然我們絕不可能被誘惑去背棄道德法則，道德法則最終也就有可能根本不再對我們來說是命令），在某個時候擁有意志的一種**神聖性**似的。

也就是說，道德法則對於一個極完善的存在者的意志來說是一個**神聖性**的法則，但對於每個有限的理性存在者的意志來說則是一個**義務**的法則，是道德強迫的法則，是透過對這法則的**敬重**、並出自對他的義務的敬畏來規定他的行動的法則。必須不把一個別的主觀原則假定爲動機，因爲若不然，行動的結果雖然能夠像法則指定它的那樣，但由於這行動儘管是合乎義務的，但卻不是出自義務發生的，對此的意向就不是道德的，而在這種立法中眞正說來關鍵就是意向。

出自對人們的愛和同情的好意而對他們行善，或者出自對秩序的愛而處事公正，這是很美好的，但這還不是我們行爲眞正的、與我們在作為人的理性存在者中間的立場相適合的道德準則。如果我們自以爲能夠彷彿作爲見習生以驕傲的自負置義務的思想於不顧，並且不依賴於命令，要從自己的愉快出發去做我們不需要任何命令就會去做的事情的話。我們置身於理性的紀律之下，並且在我們順從這一紀律的一切準則時都不得忘記，不要從它去除任何東西，或者由於我們雖然符合法則地設定我們意志的規定根據，但卻把它設定在不同於法則本身和對法則的敬重的地方而透過自重的妄念對法則的威望有所減損（儘管它是我們自己的理性所立的法）。義務和本分是我們必須僅僅給予我們與道德法則的關係的稱謂。我們雖然是一個透過自由而可能的、由實踐理性介紹給我們去敬重的道德之國的立法成員，但畢竟同時是這個國的臣民，而不是它的元首，而錯認我們作爲受造者的地位等級並對神聖法則的威望作出自大的拒斥，這已經是在精神上對這法則的背棄了，哪怕這法則的字句得到了履行。

但是，與此完全協調一致的是如下這樣一條誡命的可能性：愛上帝甚於一切，並愛你的鄰人如愛你自己③。因爲它畢竟是作爲命令而要求對指示人去愛的法則加以敬重，而不是把使這愛成爲自己的原則這件事託付給隨意的選擇。但是，對上帝的愛作爲偏好（病理學的愛）是不可能的，因爲上帝不是感官的對象。這樣一種愛對人來說雖然是可能的，但卻不能

③ 與這法則構成了一種奇特的對比的，是一些人想使之成爲道德的至上原理的自身幸福的原則；它可以這樣來表述：愛你自己甚於一切，但愛上帝和你的鄰人則是為你自己的緣故。

被命令，因爲僅僅遵命去愛某個人，這是任何人都沒有能力做到的。因此，這僅僅是在一切法則的那個核心中被理解的**實踐的愛**。愛上帝，在這種意義上就叫做**樂意**執行上帝的誡命；愛鄰人，就叫做**樂意**履行對鄰人的一切義務。但是，使這成爲規則的命令卻也不能命令人在合乎義務的行動中**具有**這種意向，而是只能命令人朝這一點努力。原因在於，一個要人們樂意做某事的命令是自相矛盾的，因爲如果我們已經自發地知道我們有責任去做什麼，如果我們除此之外也意識到自己樂意去做此事，這方面的一個命令就是完全不必要的。而且如果我們雖然做了此事，但恰恰不是**樂意**的，而是僅僅出自對法則的敬重，那麼，一個使這種敬重正好成爲準則的動機的命令所起的作用就會恰恰與所命令的意向背道而馳。因此，那條一切法則的法則與福音書的一切道德規範一樣，是把道德意向在其全部完善性中展示出來，就像它作爲一個神聖性理想是任何受造者都達不到的，但仍然是我們應當努力去接近，並在一個不斷的但卻無限的進程中與之相同的範型一樣。也就是說，假如一個有理性的受造者在某個時候能夠做到完全樂意去執行一切道德法則，那麼，這就會等於是說：在他心中就連誘惑他背離這些道德法則的一種欲望的可能性也不會存在，因爲要克服這樣一種欲望就總是要求主體作出犧牲，因而需要自我強制，亦即內心強迫去做人們並不完全樂意去做的事情。但是，一個受造者永遠不可能達到道德意向的這個等級。因爲既然它是一個受造者，因而就它達到對自己的狀況完全心滿意足所要求的東西而言總是有依賴的，所以，它永遠不能完全擺脫欲望和偏好。欲望和偏好由於以物理原因爲依據，不會自發地與來源完全不同的道德法則相一致，因而它們在任何時候都使得有必要考慮到它們而把受造者的準則的意向建立在道德強迫上，即不是建立在心甘情願的服從上，而是建立在對法則的哪怕是不樂意地發生的遵循所要求的敬重上，不是建立在那並不擔心意志對法則的任何內在拒絕的愛上，但仍然使這種愛，亦即純然對法則的愛（因爲在這種情況下，法則就會不再是命令了，而主觀上要轉變爲神聖性的道德性也會不再是德性），成爲自己努力的不懈目標，哪怕是無法達到的目標。因爲對於我們所尊崇、但卻（因爲對我們的軟弱的意識）畏懼的東西來說，由於更容易適應它，充滿敬畏的畏懼就轉變成好感，敬重就轉變成愛；至少這會是一個致力於法則的意向的完成，如果一個受造者有朝一日有可能達到這種意向的話。

這一考察在這裡的目的，並不僅僅是用清晰的概念來表達前述福音書的誡命，以便遏制或者盡可能預防在對上帝的愛方面的宗教狂熱，而是也要直接在對人的義務方面精確地規定道德意向，並遏制或者盡可能預防那感染著許多人頭腦的純然道德的狂熱。人（按照我們的一切洞識，也包括任何有理性的受造者）所處的道德等級就是對道德法則的敬重。使人有責任遵循道德法則的那種意向就是：出自義務，而不是出自自願的好感，也不是出自至多不經命令的、自發樂意作出的努力，去遵循道德法則，而人一向都能夠處於其中的那種道德狀態就是德性，亦即在鬥爭中的道德意向，而不是在自以爲擁有意志的意向的一種完全的純潔性時的神聖性。這完全是道德上的狂熱和自大的升級，爲此，人們透過鼓勵去行動而使心靈更爲高貴、更爲崇高和更爲大度，由此而把心靈置入妄念中，就好像構成他們的行動的

85

規定根據，並一再使他們透過遵循法則（服從法則）而變得謙卑的不是義務，亦即對他們即便不樂意也必須承受其軛具（儘管如此，這軛具由於是理性本身給我們架上的，所以是柔和的）的法則的敬重；反倒那些行動不是出自義務，而是作爲純粹的功德而期待於他們似的。因爲不僅他們透過對這樣的行爲，亦即出自這樣的原則的行爲的模仿，絲毫也沒有符合法則的精神，這精神在於服從法則的意向，而不在於行動的合法則性（不管原則是什麼樣的原則），而且他們是在病理學上（在同情中，或者也在愛己中）、不是在道德上（在法則中）設定動機的，這樣，他們就以這種方式產生了一種輕浮的、浮光掠影的、幻想的思維方式，即自以爲自己的心靈有一種自願的馴順，這心靈既不需要鞭策、也不需要管束，對它來說甚至一個命令也是沒有必要的，而且在這方面忘掉了他們本應先於功德予以考慮的職責。別人的那些以巨大的犧牲，而且純然爲了義務所發生的行動，當然可以在高貴的和崇高的行爲的名義下得到讚揚，但也唯有在存在著使人猜測這些行動完全是出自對他的義務的敬重，而不是出自心血來潮所發生的跡象時才是這樣。但是，如果人們要把這些行動當作仿效的榜樣介紹給某人，那麼，就絕對必須把對義務的敬重（作爲唯一眞正的道德情感）用做動機；這種嚴肅的、神聖的規範並不聽任我們虛榮的自愛用病理學的衝動（就它們與道德性相類似而言）來戲耍，以及爲値得讚揚的價値而沾沾自喜。只要我們好好搜索一下，我們就將在一切値得讚頌的行動上都已經發現一條義務法則，它在頒布命令，而不讓事情取決於我們那可能讓我們的癖好喜歡的心願。這是唯一在道德上塑造靈魂的闡述方式，因爲唯有它才能勝任穩定的和精確規定了的原理。

如果最一般意義上的狂熱就是按照原理作出的對人類理性界限的一種逾越，那麼，道德上的狂熱就是這種對人類實踐的純粹理性所設定的界限的逾越，人類實踐的純粹理性透過這界限禁止把合乎義務的行動的主觀規定根據，亦即這些行動的道德動機設定在除法則本身之外的其他任何地方，禁止把由此帶入準則的意向建立在除對這法則的敬重之外的任何別的地方，從而命令使既消除一切狂妄自大、也消除虛榮的愛己的義務思想在人心中成爲一切道德性的最高生活原則。

因此，如果是這樣，那麼，不僅小說家或者敏感的教育家（儘管他們還如此竭力地反對敏感性），而且有時甚至哲學家，乃至於一切哲學家中最嚴格的斯多亞學派，都引入了道德上的狂熱來取代冷靜的、但卻是睿智的道德訓練，儘管後者的狂熱更多地具有英雄氣概，前者的狂熱則具有陳腐和故作感傷的性狀，而且人們可以用不著僞裝而完全忠實地照著福音書的道德教誨說：福音書首先透過道德原則的純粹性，但同時也透過這原則與有限存在者的侷限的適合，而使人的一切正當行爲都服從一種置於他們眼前的、不讓他們在道德上所夢想的完善性之下狂熱起來的義務的管教，並給喜歡錯認自己的界限的自大和自重設定了謙卑（亦即自知）的限制。

義務！你這崇高的、偉大的名字！你在自身中不包容任何帶有諂媚的討好之物，而是要求服從，但也不爲了打動意志而作出任何在心靈中激起自然的厭惡和使人害怕的威脅，而只是樹立一條法則，這法則自動地在心靈中找到入口，但卻甚至違背意志而爲自己贏得崇敬（即使並不總是贏得遵循），面對這法則，一切偏好都啞口無言，儘管它們暗地裡抵制它：你的可敬的起源是什麼呢？人們在哪裡找到你那高傲地拒絕了與偏好的一切親緣關係的高貴出身的根呢？從哪條根生長出來，才是人們唯一能夠自己給予自己的那種價值的不可缺少的條件呢？

這東西不可能遜於把人提升到自己本身（作爲感官世界的一個部分）之上的東西，遜於把人與唯有知性才能思維的事物秩序連結起來的東西，而這事物秩序同時下轄整個感官世界，以及人在時間中的經驗性上可規定的存在和一切目的的整體（唯有這整體才是與作爲道德法則的這樣一些無條件的實踐法則相適合的）。這東西無非就是人格性，亦即對整個自然的機械作用的自由和獨立，但同時被視爲一個存在者的能力，這個存在者服從自己特有的，亦即由他自己的理性所立的純粹實踐法則，因而人格作爲屬於感官世界的，就其同時屬於理知世界而言，服從於它自己的人格性；因爲不必奇怪，人作爲屬於兩個世界的，必須不是以別的方式，而是崇敬地在與他的第二個和最高的使命的關係中看待他自己的本質，並以最高的敬重看待這種使命的法則。

如今，在這個起源之上，建立起一些按照道德理念來標明對象的價值的表述。道德法則是神聖的（不可侵犯的）。人雖然夠不神聖了，但在他的人格之中的人性，對他來說卻必須是神聖的。在整個創造中，人所想要並能夠有所支配的一切都可以僅僅作為手段來使用；唯有人、亦即每一個理性造物是目的自身。因爲人憑藉其自由的自律而是那本身神聖的道德法則的主體。正是由於自由的緣故，每個意志，甚至每個人格自己特有的、針對他自己的意志，都被限制在與理性存在者的自律相一致這個條件上，也就是說，不使理性存在者服從任何不按照一個能夠從承受主體本身的意志中產生出來的法則而可能的意圖，因此，這個存在者絕不可以僅僅被用做手段，而是同時本身也用做目的。就世界上作爲上帝意志的造物的理性存在者而言，我們有理由甚至把這個條件賦予上帝的意志，因爲這個條件基於理性存在者的人格性，唯有透過它，理性存在者才是目的自身。

這個把我們的本性（按照其使命）的崇高置於我們眼前的、喚起敬重的人格性理念，由於它同時使我們注意到我們的行爲在這種崇高方面欠缺適合，並由此消除了自大，因而甚至對於最普通的人類理性來說也是自然的和容易發覺的。難道不是每個哪怕僅僅中等誠實的人也發現，一個通常無害的謊言，他借此或者能夠使自己擺脫一件煩人的事務，或者甚至爲一個所愛的值得讚揚的朋友謀取利益，但他卻放棄了，以免在他自己的眼中輕視他自己？一個正直的人，處身於生活的極大不幸之中，只要他能夠漠視義務，就能夠避免這種不幸，難道不還是這種意識支持了他，即他畢竟保持了他的人格中的人性尊嚴並尊重了這種人性，他在他自己面前沒有理由感到羞愧，沒有理由畏懼自我反省的內在目光？這種慰藉不是幸福，也不是幸福的極小部分。因爲沒有人會期望自己有這種機會，也許甚至不期望有一種在這樣的情景中的生活。但是他活著，並且不能忍受在他自己的眼中配不上這種生活。因此，這種內心的撫慰對於一切能夠使生活舒適的對象來說都是純然否定性的；也就是說，這種撫慰是在他完全放棄了自己的狀態的價值之後，對在人格價值中沉淪這種危險的阻止。它是對某種完全不同於生活的東西的敬重的結果，與這種東西相比和相對照，生活連同其所有的愜意，毋寧說都根本沒有任何價值。他只是還出自義務活著，並不是因爲他對生活感到絲毫的興趣。

純粹實踐理性的正直動機就是這樣；它無非是純粹的道德法則本身，只要這法則讓我們覺察到我們自己的超感性實存的崇高，並主觀上在同時意識到自己的感性存在和與此相結合的對其就此而言很受病理學上刺激的本性的依賴性的人們心中，造成對其更高的使命的敬重。於是，能夠與這種動機相結合的就完全可能是生活的如此之多的魅力和愜意，以至於僅僅爲了它們的緣故，一個理性的並且對生活的最大福祉反覆思考的伊比鳩魯主義者的最聰明的選擇就已經會表示贊同道德善舉了，而把對生活的快樂享受的這種展望與那個至上的、獨自就已經足以作出規定的動因結合起來，可能也是可取的；但如果談到義務的話，這只是爲了與惡習一定會在相反方面用來騙人的種種誘惑保持一種平衡，而不是爲了在這裡面設定眞正的推動力，哪怕一絲一毫也不行。因爲那樣的話，就恰恰是要在其源頭上汙染道德意向。義務的威嚴與生活享受毫不相干；它有自己特有的法則，而無論人們怎樣把這兩者攪和在一起，以便把它們混合起來，彷彿是作爲藥劑交給生病的靈魂，它們卻也馬上就彼此分離；而如果它們不分離，則前者就根本不起作用，即使自然的生活會在這裡獲得一些力量，道德生活也畢竟要無可救藥地衰落下去。

對純粹實踐理性批判的分析論的批判性闡明

我把對一門科學或者它的獨自構成一個體系的某個部分所作的批判性闡明，理解爲當人們把它與另一個以類似的認識能力爲基礎的體系進行比較時，對它爲什麼必須恰好具有這種而不是別樣的系統形式所作的研究和辯解。現在，就實踐理性和思辨理性都是純粹理性而言，它們都以同樣的認識能力爲基礎。因此，一種理性與另一種理性的系統形式的區別將不得不透過兩者的比較來規定，並給出這方面的根據。

純粹理論理性的分析論討論的是能夠被給予知性的那些對象的知識，所以必須從直觀、因而（由於直觀在任何時候都是感性的）從感性開始，但從這裡首先進展到概念（這直觀的諸對象的概念），並且唯有在預先準備了這兩者之後才可以以原理結束。與此相反，由於實踐理性就對象而言所討論的並不是認識它們，而是實踐理性自己（根據對這些對象的認識）實現這些對象的能力，也就是說，是一個意志，就理性包含著一種因果性的規定根據而言，這意志就是一種因果性，因而理性在這裡不是要指明直觀的客體，而是（由於因果性概念在任何時候都包含著與一個在相互關係中規定雜多之實存的法則的關係）作爲實踐理性只需要指明這種因果性的一條法則：這樣，就這理性應當是一種實踐理性而言，它的分析論的一個批判（這是眞正的任務）就必須從先天的實踐原理的可能性開始。唯有從這裡出發，它才能前進到實踐理性的諸對象的概念，亦即絕對善和惡的概念，以便根據那些原理首先給出這些概念（因爲這些對象根本不可能透過任何認識能力先於那些原理作爲善和惡被給予），而且唯有在此之後，最後一章，亦即關於純粹實踐理性與感性的關係及其對感性的必然的、可先天認識的影響的一章，也就是關於道德情感的一章，才結束了這個部分。這樣，實踐的純粹理性的分析論對其應用的一切條件的整個範圍的劃分，就與理論的實踐理性完全類似，但卻次序相反。理論的純粹理性的分析論被分爲先驗感性論和先驗邏輯論，實踐的純粹理性的分析論則相反，分爲純粹的實踐理性的邏輯論和感性論（如果允許我在這裡僅出於類比而使用這些通常根本不適合的命名的話），邏輯論在前者那裡又分爲概念的分析論和原理的分析論，在後者這裡則分爲原理的分析論和概念的分析論。感性論在前者那裡由於感性直觀的雙重性質還具有兩個部分；在後者這裡，感性根本不被視爲直觀能力，而是僅僅被視爲情感（它可以是欲求的一個主觀根據）；而就情感而言，純粹的實踐理性不允許任何進一步的劃分。

甚至這種兩部分的劃分及其進一步的劃分在這裡並沒有眞的（如同人們開始時很可能受到前一種劃分的榜樣的誘惑而去嘗試的那樣）被實施，其理由也很容易就能夠看出。由於是**純粹理性**在這裡就其實踐應用而言，因而從先天原理出發、而不是從經驗性規定根據出發被考察的，所以，純粹實踐理性的分析論的這種劃分的結果就必定類似一個理性推理的劃分，亦即從大前提中的普遍的東西（道德原則）出發，透過在小前提中實施的歸攝，即把可能的行動（作爲善的行動或者惡的行動）歸攝到那些原理之下，而前進到結論，亦即主觀的意志規定（一種對實踐上可能的善，以及建立在它上面的準則的興趣）。對於已經能夠確信在分析論中出現的這些命題的人，這樣一些比較將使其感到愉快，因爲它們有理由引起期望，即也許有朝一日能夠一直達到對整個純粹的理性能力（無論是理論的還是實踐的理性能力）的統一性的洞識，並從一個原則中引申出一切；這是人類理性的不可避免的需要，人類理性唯有在其知識的一種完備的系統統一中才能得到完全的滿意。

但現在，如果我們也考察一番我們關於一種純粹的實踐理性，並透過這種理性能夠擁有的知識的內容，就像純粹實踐理性的分析論將它展示出來那樣，那麼，在實踐理性和理論理性之間雖然有一種值得注意的類似，卻也同樣有值得注意的區別。就理論理性而言，一種純粹的理性認識的先天能力可以透過出自各門科學的實例（由於這些科學以如此多種多樣的方式透過有計劃的應用來檢驗它們的原則，人們在它們這裡不必像在普通知識中那樣容易擔心暗中摻雜經驗性的認識根據）來輕而易舉地和明晰地得到證明。但是，純粹理性不摻雜任何經驗性的規定根據，獨自就也是實踐的，這一點人們卻必定能夠從最普通的實踐理性應用出發來闡明，因爲人們把這個至上的實踐原理認證爲這樣一個原理，任何自然的人類理性都認識到它作爲完全先天的、不依賴於任何感性材料的原理而是其意志的至上法則。人們必須在科學能夠掌握這個原理，以便利用它，就好像它是先行於關於它的可能性的玄想和一切可能從中得出的結論的事實似的之前，就首先按照其起源的純粹性、甚至在這種普通理性的判斷中對它加以確證和辯護。但是，這種情況也可以從前面剛剛闡述的東西中得到很好的解釋，因爲實踐的純粹理性必須必然地從原理開始，因而這些原理必須作爲最初的材料被奠定爲一切科學的基礎，而不能首先從科學中產生出來。但是，對作爲一種純粹理性的原理的道德原則的辯護，也因此能夠很好地並且以足夠的可靠性透過純然援引普通人類知性的判斷來進行，因爲一切有可能作爲意志的規定根據而混入我們的準則的經驗性東西，透過在其激發起欲望時，必然附著在意志上的快樂情感或者痛苦情感，馬上就使自己成爲可以辨認的，但那個純粹實踐理性卻完全抵制這種情感，不把它作爲條件接納入自己的原則。這些（經驗性的和理性的）規定根據的不同，透過一種實踐上立法的理性對一切混合的偏好的抵制，透過一種特有的、但並不先行於實踐理性的立法、而毋寧說是唯有透過這種立法並且作爲一種強制產生出來的感覺方式，亦即透過一種敬重的情感——沒有任何人對於偏好具有這樣的情感，無論這偏好是什麼類型的，但對於法則卻可以有這樣的情感——而變得如此可以辨認，如此突出和顯著，以至於任何人類知性，哪怕是最普通的人類知性，都不會在一個呈現在眼前的榜樣中瞬間注意到，他雖然會被意願的經驗性根據勸告去追隨它們的誘惑，但卻永遠不能苛求他除了僅僅遵從純粹的實踐理性法則之外，還遵從別的一種法則。

在幸福學說中，經驗性的原則構成了整個基礎；但對於道德學說來說，它們卻不構成其絲毫的附加。幸福學說與道德學說的區分在純粹實踐理性的分析論中是它的首要的和最重要的職責性工作，它在這件工作中必須像幾何學家在自己的工作中那樣一絲不苟地，甚至也可以說吹毛求疵地行事。但對於在這裡（就像任何時候在透過純然的概念、無須概念的構造而來的理性知識中那樣）由於不能把任何直觀作爲（純粹本體的）根據而必須與更大的困難作鬥爭的哲學家來說，畢竟也還有益處的是：他能夠幾乎像化學家一樣，在任何時候都用每個人的實踐理性來做試驗，以便把道德的（純粹的）規定根據與經驗性的規定根據區別開來；也就是說，如果他把道德法則（作爲規定根據）附加在被經驗性地刺激起來的意志（例如，因透過說謊有所獲利而會熱衷說謊的意志）之上的話。這就好像是化學家在鹽晶中把鹼加給石灰溶液似的；鹽晶馬上就脫離了鈣而與鹼結合，而鈣則沉澱到底下。同樣地，道德法則持立於通常是一個老實人（或者哪怕這一次僅僅想把自己置於老實人的位置）的人面前，他憑這法則而認識到一個說謊者的卑劣，他的實踐理性（在關於應當因他而發生的事情的判斷中）馬上就拋棄了好處，使自己與那爲他保持著對他自己的人格的敬重的東西（誠實）相一致，而好處則被每一個人在擺脫和清洗掉理性（它僅僅完全站在義務一邊）的附加物之後予以權衡，以便還可以在別的場合與理性建立聯繫，只是除了他有可能違背道德法則的場合，道德法則永遠不離開理性，而是最密切地與理性結合在一起。

但是，幸福原則與道德原則的這一區分並不因此就馬上是兩者的對立，而且純粹實踐理性並不要求人們放棄對幸福的要求，而是僅僅要求只要談到義務，就根本不考慮幸福。就某個方面來說，照管自己的幸福甚至也可以是義務，這部分地是因爲幸福（技巧、健康、財富都屬於此列）包含著履行他的義務的手段，部分地是因為幸福的缺乏（例如貧窮）包含著逾越他的義務的誘惑。只不過，促進自己的幸福，這永遠不能直接是義務，更不用說是一切義務的原則了。既然意志的一切規定根據除了統一的純粹實踐理性法則（道德的理性法則）之外全都是經驗性的，因而作為這樣的規定根據屬於幸福原則，所以，它們必須全都從至上的道德原理中分離出來，絕不作為條件被歸併給道德原理，因為這會取消一切道德價值，正如對幾何學原理的經驗性摻雜會取消一切數學的自明性這個（按照柏拉圖的判斷④）數學自身所擁有的最傑出的東西，而這種東西甚至比數學的一切用處都更重要。

但是，不對純粹實踐理性的至上原則作出演繹，亦即不對諸如此類的先天知識的可能性作出解釋，所能夠列舉的就無非是：人們即使看出了一個作用因的自由的可能性，也絕不是僅僅看出了作為理性存在者的至上實踐法則的道德法則的可能性，而是完全看出了其必然性，而人們是賦予了這些理性存在者以其意志的因果性的自由的；因為這兩個概念是如此不可分割地結合在一起，以至於人們也可以透過意志對於唯獨道德法則除外的任何其他東西的獨立性來定義實踐的自由。然而，一個作用因的自由，尤其是在感官世界裡，按照其可能性是絕對不能看出的；只要我們能夠充分相信不出現對自由的不可能性的任何證明，並由於

④《國家篇》，五二二以下。——科學院版編者注

要求有自由的道德法則而不得不假定自由，且正由於此而有權假定自由，那就是萬幸了！然而，由於還有許多人還總是相信能夠像解釋任何別的自然能力那樣，按照經驗性的原則來解釋這種自由，並且把它視爲心理學的屬性，其解釋僅僅取決於對靈魂的本性和意志的動機的一種更仔細的研究，而不是視爲一個屬於感官世界的存在者的因果性的先驗謂詞（就像事情實際上僅僅取決於此那樣），這樣就取消了我們透過純粹實踐理性借助於道德法則所遇到的那個美妙的啓示，亦即由於認識到自由的那個通常是超驗的概念而對一個理知世界的啓示，從而也就取消了絕對不假定任何經驗性的規定根據的道德法則本身，所以，有必要在這裡爲了防止這種幻覺並且赤裸裸地展示經驗主義的淺薄，而再作一些引證。

與作爲自由的因果性不同的作爲自然必然性的因果性的概念，僅僅涉及事物的實存，只要這實存是在時間中可被規定的，因而是作爲顯象而與其作爲物自身的因果性相對立的。如今，如果人們把事物在時間中的實存的規定當作物自身的規定（這是最常見的表象方式），那麼，因果關係中的必然性就不能以任何方式與自由一致；相反地，它們相互矛盾對立。因爲從前者得出的是：任何一個事件，因而任何在一個時間點上發生的行動，都必然以在此前時間裡發生過的事情爲條件。既然過去了的時間不再受我控制，所以，我所採取的任何行動都由於不受我控制的規定根據而是必然的，也就是說，我在我行動的那個時間點上絕不是自由的。的確，即便我假定我的全部存在都不依賴於任何一個外來的原因（如上帝），以至於我的因果性、甚至我的整個實存的規定根據，都完全不在我外面，這也畢竟絲

95

毫不會把那種自然必然性轉變成自由。因爲在每個時間點上，我畢竟總是服從必然性的，即被不受我控制的東西所規定而去行動，我永遠只會按照一個已經預先規定好的秩序來延續、卻絕不會自行開始的那個來自以前的無限的事件序列，就會是一個連續不斷的自然鏈條，因而我的因果性絕不會是自由。

因此，如果想賦予一個其存在在時間中被規定的存在者以自由，那麼，人們在這方面至少不能把它當作他的實存中的一切事件，因而還有他的行動的自然必然性法則的例外，因爲這就會等於把他交給了盲目的偶然。但是，既然這法則不可避免地涉及事物的一切因果性，只要它們的存在是在時間中可被規定的，所以，假如這法則是人們也能夠表象這些物自身的存在所根據的方式，自由就必然會作爲一個無意義的和不可能的概念被拋棄。因此，如果人們還要拯救自由，那麼，除了把一個事物的存在就其在時間中可被規定而言，因而也把按照自然必然性法則的因果性僅僅賦予顯象，而把自由賦予作為物自身的同一個存在者之外，就無路可走了。這樣，如果人們想同時保持兩個彼此反感的概念的話，上述做法就當然是不可避免的了；然而，如果人們想把它們解釋爲結合在同一個行動中，因而想解釋這種結合本身的話，那麼，在應用中就將出現種種巨大的困難，它們似乎使得這樣一種結合變得不可行了。

如果我關於一個犯了偷竊行爲的人說，這個行爲按照因果性的自然法則從先行時間的規定根據出發是一個必然的後果，那麼，這個行爲本來可以不發生，就是不可能的了；按照道德法則所作的評判在這裡究竟如何能夠造成一種改變，並預設這個行爲由於道德法則說它本來應當不做而本來可以不做呢？也就是說，這個人在同一時間點上，就同一行動而言，如何能夠叫做完全自由的呢？他在該時間點上，就該行動而言，畢竟是服從一種不可避免的自然必然性的。在這裡尋找一種托詞，說人們只是使自己按照自然法則的因果性之規定根據的方式適合於自由的一個比較性的概念（據此，其進行規定的自然根據處在起作用的存在者內部的東西，有時就叫做自由的作用。例如，一個被拋出的物體，當它在自由運動時所做的事情，人們在這裡使用自由這個詞，乃是因爲它在飛行期間沒有從外部受到某種推動，或者就像我們把一塊表的運動也稱爲一種自由運動一樣，因爲它自己推動自己的指標，因而這指標可以不由外部來移動。同樣地，人的行動儘管由於它們在時間上先行的規定根據而是必然的，但卻還是被稱爲自由的，因爲這畢竟是一些內部的、透過我們自己的力量產生的表象，從而是按照種種誘發狀況而產生的欲望，因而是按照我們自己的心願造成的行動），這是一種可憐的藉口，總還是有一些人讓自己受這種藉口拖累，認爲這樣稍加咬文嚼字就解決了那個困難的問題，數千年人們都在徒勞無功地尋求那個問題的答案，因而這答案是很難這樣完全在表面上找到的。因爲在追問必須被當作一切道德法則和符合這些道德法則的歸責的基礎的那種自由時，事情根本不取決於按照一個自然法則來規定的因果性，是由於處在主體之中的規定根據、還是由於處在主體之外的規定根據而是必然的。在前一種場合，是由於本能還是由於用理性思考過的規定根據而是必然的；如果這些進行規定的表象按照這同一些人

96

士自己所承認的，畢竟在時間中，確切地說在先前的狀態中有自己實存的根據，但這個狀態又在一個先行的狀態中有自己實存的根據，如此等等，那麼，儘管它們即這些規定可以始終是內在的，儘管它們可以有心理學的因果性，而不是有力學的因果性，也就是說，透過表象而不是透過身體的運動來產生行動，這也始終是一個存在者的因果性的規定根據，只要這個存在者的存在是在時間中可被規定的，從而處於過去時間的一些使之必然的條件之下，因而這些條件當主體應當行動時就不再受它控制，所以那些規定根據雖然具有心理學的自由（如果人們要把這個詞用於靈魂諸表象的一種內在連結的話），但畢竟帶有自然必然性，從而沒有留下任何先驗的自由，先驗的自由必須被設想為對於一切經驗性的東西，因而對於一般自然的獨立性，無論這自然是被視為僅僅在時間中的內部感官對象，還是被視為同時在空間和時間中的外部感官對象，沒有這種唯一是先天實踐性的（在後面這種本眞意義上的）自由，任何道德法則、任何按照道德法則的歸責都是不可能的。正是因此緣故，人們也可以把時間中諸事件的一切必然性都按照因果性的自然法則稱為自然的機械作用，即使人們所指的，並不是那些服從機械作為的事物必須是現實的物質性機器。在這裡，所關注的只是在一個時間序列中諸事件的連結的必然性，如同它們按照自然法則發展那樣，人們這時可以把這一過程發生於其中的主體稱爲Automaton materiale〔物質的自動機〕⑤，此時，這個機器是由物質推動的，或者贊同萊布尼茨，稱之爲Automaton spirituale〔精神的自動機〕，此時，它是由表象推動的，而且假如我們的意志的自由無非是後一種自由（例如，心理學的和比較性的自由，並非同時是先驗的亦即絕對的自由），那麼，它在根本上一點兒也好不過一把自動烤肉鏟的自由，後者一旦上緊了發條，就也會自行完成自己的運動。

現在，爲了消除前述場合同一個行動中的自然機械作用和自由之間表面上的矛盾，人們必須回憶一番在《純粹理性批判》中說過或者由此得出的東西：與主體的自由不能共存的自然必然性，僅僅與服從時間條件的那種事物的諸規定相聯繫，因而僅僅與作爲顯象的行動主體的諸規定相聯繫，所以就此而言，主體的每一個行動的規定根據都處在屬於過去的時間，而且不再受它控制的東西裡面（必須歸於此列的也有他的已經作出的行爲，以及在他自己的眼中作爲現象對他來說可以由此得到規定的性格）。但是，另一方面也意識到自己是物自身的同一個主體，卻也把自己的存在本身就其不服從時間條件而言僅僅視爲透過它憑藉理

⑤《神義論：論上帝的善》，五十四、四〇三頁（《哲學著作集》，格哈德〔Gerhardt〕編，第VI卷，一三一、三五六頁）；類似的有與貝爾（Bayle）的爭辯（《哲學著作集》，格哈德編，第IV卷，五〇五頁以下、五三六頁以下、五四九頁）等等。——科學院版編者注

性本身給自己立的法則可被規定的，而且在它的這種存在中，對它來說沒有任何東西先行於它的意志規定；相反地，任何行動，而且一般來說它的存在的任何按照內部感官變更著的規定，甚至它作爲感性存在者的實存的整個序列，在對它的理知存在的意識中都必須僅僅被看做後果，而絕不看做它作爲本體的因果性的規定根據。在這方面，有理性的存在者對它所作出的每個違背法則的行動，哪怕它作爲顯像是在過去的東西中被充分規定了的，並且就此而言是不可避免地必然的，它也有理由說，它本來是可以不如此行動的；因爲這個行動連同規定它的一切過去的東西，都屬於它使自己獲得的那種性格的唯一現象，而按照這種性格，它作爲一個獨立於一切感性的原因把那些顯象的因果性本身歸責於自己。

與此完全相一致的，也有在我們裡面我們稱爲良知的那種奇特能力的判決。一個人盡可以隨意地矯揉造作，以便把他還記得起來的一個違法行爲文飾爲無意的過失，文飾爲人們絕不可能完全避免的純然不小心，因而文飾爲他被自然必然性的急流捲入其中的東西，並宣稱自己在這件事情上是無辜的，但他畢竟發現，如果他意識到，他在做這件不正當的事的時候畢竟是清醒的，亦即在運用自己的自由的話，那麼，這位爲他的利益說話的律師絕不可能使他心中的原告沉默不言，而且雖然他用某種由於逐漸地忽略對自己的留意而染上的壞習慣來解釋自己的違法行爲，直到他能夠把這行爲視爲這種習慣的一個自然後果的程度，這卻仍然不能使他免於自責和他自己對自己作出的訓斥。建立在這上面的也還有對一件早已犯下的罪行在每次回憶起來的時候所懷有的悔恨；一種痛苦的、由道德意向引起的感受，就其不能用來使已經發生的事情不曾發生而言，在實踐上是空洞的，甚至會是荒謬的（如同普里斯特利⑥作爲一個眞正的、一以貫之的宿命論者也宣稱這種感受是荒謬的一樣。而在坦誠方面，他比這樣一些人更值得稱讚，這些人由於實際上主張意志的機械作用，但在口頭上卻主張意志自由，就還總是想被認爲他們在自己的調和主義體系中把意志自由一起包含進去了，但畢竟沒有說明這樣一種歸責的可能性），但作爲痛苦卻是完全合法的，因爲理性在事情取決於我們的理知實存的法則（道德法則）時不承認任何時間區別，只問這個事件作爲行爲是否屬於我，但此後就總是把這種感受與這行爲在道德上連結起來，不管這行爲是現在發生的還是早就發生的。因爲感官生命在對其存在的理知意識（自由）方面具有一個現象的絕對統一性，該現象就其僅僅包含著關涉道德法則的意向（性格）的顯象而言，必須不是按照應當作爲顯象歸於性格的自然必然性來評判，而是按照自由的絕對自發性來評判。因此，人們可以承認，假如對我們來說有可能對一個人的思維方式就其透過內部的以及外部的行動表現出來而言具有如此深刻的洞識，以至於它的每一個哪怕是最微小的動機都爲我們所知，此外還有所有對這動機起作用的外部誘因，那麼，人們就能夠確切地測算出一個人未來的行爲舉止，就像測算出一次月食或者日食那樣，這時卻仍然主張人是自由的。也就是說，假如我

99

⑥《哲學必然性的學說》，倫敦，一七七七年，八十六頁以下。——科學院版編者注

們對於同一個主體還能夠有另外一種眼光（但這種眼光當然根本沒有被賦予我們，我們所擁有的不是它，而只是理性概念），亦即一種理智直觀的話，我們畢竟就會察覺，就總是只能關涉道德法則的東西而言，這整個顯象鏈條都取決於作爲物自身的主體的自發性，對這種自發性的規定是根本不能作出物理解釋的。在缺乏這種直觀的情況下，道德法則向我們保證了我們的作爲顯象的行動與我們的主體的感官存在者的關係，和這個感官存在者本身與我們裡面的理知基底相聯繫所借助的關係之間的這種區別。在這種對於我們的理性來說自然而然的、雖然無法解釋的考慮中，即便是那些極爲認眞地作出、但初看起來仍然顯得與一切公道完全牴觸的評判，也可以得到辯護。有一些情況，其中人們自幼甚至受到與他們的其他同齡人一樣良好的教育，但仍然如此早地表現出惡意，並且一直強化到他們的成年時代，以至於人們把他們視爲天生的惡棍，而且在思維方式上完全視爲無可救藥的，但仍然爲了他們的所作所爲同樣審判他們，同樣指責他們的違法行爲是罪過，甚至他們（幼童們）自己也認爲這些指責是完全有根據的，就好像他們雖然有他們的心靈的那種被歸於他們的毫無希望的自然性狀，但卻仍然要和每個其他人一樣負責任似的。這本來是可以不發生的，如果人們不是預設凡是出自人的任意的事情（毫無疑問，每一個故意作出的行動都是如此）都以一個自由的因果性爲根據的話，這種自由的因果性從少年時代就在他們的顯象（行動）中表現著他們的性格，這些顯象由於行爲的形式相同而標明了一種自然聯繫，但這種自然聯繫卻沒有使意志的惡劣性狀成爲必然的，而毋寧說是自願接受那些惡的和頑固不化的原理的後果，這些原理只會使意志變得更加卑鄙和更該受到懲罰。

但是，如果要在一個屬於感官世界的存在者裡面把自由與自然機械作用結合起來，自由就還面臨著一個困難；一個即便在迄今的一切都得到贊同之後，仍以使其完全覆滅威脅著自由的困難。但儘管有這種危險，有一種情況畢竟同時提供了對於自由的主張來說還有幸運的出路的希望，這就是：同一個困難更強得多地（事實上如我們馬上就將看到的，僅僅）壓制著把時間和空間中可被規定的實存視爲物自身的實存的體系，所以，它並不迫使我們放棄我們關於作爲感性直觀的純然形式，因而作爲屬於感官世界的主體所特有的純然表象方式的時間之觀念性的最重要的預設，故而只要求把這個預設與自由的理念統一起來。

也就是說，如果人們向我們承認，理知的主體就一個既定的行動來說，即使他作爲也屬於感官世界的主體就該行動而言是在力學上有條件的，但也還能夠是自由的，那麼看起來，一旦人們假定上帝作爲普遍的原始存在者也是實體實存的原因（這是一個永遠也不可以放棄的命題，除非把作爲一切存在者的存在者的上帝概念，連同在神學中一切東西都依賴的上帝之充足性一起放棄），人們就必須也承認，人的行動在完全不受它們控制的東西中，亦即在一個與人不同的、人的存在及其因果性的全部規定所完全依賴的最高存在者的因果性中，有它們的規定根據。實際上，假如人的行動如其屬於人在時間中的規定那樣，不僅僅是人作爲顯象的規定，而且是他作爲物自身的規定，那麼，自由就無法拯救了。人就會是木偶或者一個沃康松式的自動機⑦，由一切工藝製品的那位至高的大師來製作和上緊發條，而自我意識雖然能使它成爲一個能思維的自動機，但在其中當它的自發性被視爲自由時，其自發性的意識就會是純然的錯覺，因爲既然他的運動的最近規定原因以及這些規定原因上溯到自己的規定原因的一個長長的序列雖然都存在於內部，但最終的和最高的那個規定原因卻畢竟被發現完全在一個外來的手中，所以，那種自發性就只配被稱爲比較性的。因此，我看不出那些還總是堅持把時間和空間視爲屬於物自身的存在之規定的人們，在這裡想如何避免行動的宿命；或者，如果他們如此直截了當地（如本來很精明的孟德爾頌⑧所做的那樣）只承認時間和空間是必然屬於有限的和派生的存在者的實存的條件，卻不是必然屬於無限的原始存在者的實存的條件，他們想如何爲自己辯護，說明他們從何處取得這種權利來作出這樣一種區分，甚至他們想如何避開當他們把時間中的存在視爲必然與有限的物自身相聯繫的規定時所遇到的矛盾，因爲上帝是這種存在的原因，但他卻不能是時間（或空間）本身的原因

---

⑦ 沃康松的自動機（笛子吹奏者、吞食的鴨子等等），最初於一七三八年在巴黎展示，被十八世紀的唯物主義者們（如拉美特利：《人是機器》，一七四八年）常常援引來支持機械主義假說。朗格：《唯物主義史》，第二版，第I卷，三五六頁。——科學院版編者注

⑧ 《晨課》（一七八五年），第XI章。——科學院版編者注

（因爲時間作爲先天必然條件必須被置於事物的存在之前），因而上帝就這些事物的實存而言的因果性本身必須是在時間上有條件的，這時，不利於上帝的無限性和獨立性這兩個概念的一切矛盾就會不可避免地必然出現。與此相反，把獨立於一切時間條件的、與一個感官世界的存在者的實存不同的屬神實存的規定，當作一個存在者自身的實存而與一個顯象中的事物的實存區別開來，對於我們來說是很容易的。因此，如果人們不假定時間和空間的那種觀念性，所剩下的就只有斯賓諾莎主義了。在斯賓諾莎主義中，空間和時間是原始存在者本身的本質規定，但依賴於原始存在者的事物（因而也包括我們自己）不是實體，而僅僅是依存於原始存在者的偶性；因爲如果這些事物僅僅作爲原始存在者的結果而在時間中實存，時間是它們的實存自身的條件，那麼，就連這些存在者的行動也就會必然是原始存在者隨時隨地所做出的行爲。因此，雖然斯賓諾莎主義的基本理念是荒謬的，但它的推論卻比按照創世論有可能發生的遠爲令人信服，如果這些被假定爲實體並自在地在時間中實存的存在者被視爲一個至上的原因的結果，卻並不同時被視爲屬於原始存在者及其行動的，而是獨立地被視爲實體的話。

上述困難的解決，簡明扼要地以如下方式進行：如果在時間中的實存是世界上的能思維的存在者的一種純然的感性表象方式，因而並不涉及作爲物自身的這些存在者，那麼，對這些存在者的創造就是對物自身的創造，因爲一種創造的概念並不屬於實存的感性表象方式，不屬於因果性，而只能與本體相關。所以，如果我關於感官世界中的存在者說：它們是

102

被創造的，那麼，就此而言，我就把它們視爲本體了。因此，就像說上帝是顯象的創造者就會是一個矛盾一樣，說上帝作爲創造者是感官世界中的行動的原因，因而是作爲顯象的行動的原因，這也是一個矛盾，儘管上帝是行動著的存在者（作爲本體）存在的原因。現在，如果有可能（只要我們假定時間中的存在是某種僅僅適用於顯象，而不適用於存在自身的東西）主張自由而不損害作爲顯象的行動的自然機械作用，那麼，行動著的存在者就是受造物，這一點在這裡就不會造成絲毫改變，因爲創造所涉及的是這些存在者的理知的實存，但不是它們的可感的實存，因而不能被視爲顯象的規定根據；但如果世間存在者作爲物自身在時間中實存，結果就完全不同了，因爲實體的創造者就會同時是這個實體身上的全部機械裝置的創造者了。

在純粹思辨理性的批判中所完成的時間（以及空間）與物自身的實存的分離，就具有如此大的重要性。

但是，人們將說，這裡所陳述的對困難的解決，畢竟自身還有諸多難點，是幾乎無法得到明晰的描述的。不過，人們嘗試過或者可能嘗試的其他任何解決，難道就更容易和更易於理解嗎？人們毋寧可以說，形而上學的獨斷教師們在他們對這一難點盡可能視而不見，並希望假如他們閉口不談，也許就不會有人輕易想起這一難點的時候，所表現出的與其說是誠實，倒不如說是滑頭。如果要幫助一門科學，那麼，就必須把一切困難都揭示出來，甚至必須把還在暗中阻礙著它的那些困難搜尋出來；因爲這些困難的每一種都召喚著一種援助手段，這種手段不可能被找到，卻不使科學獲得一種或者在範圍上或者在確定性上的一種增長，因此這樣一來，甚至障礙也成了科學的縝密性的促進手段。與此相反，如果故意地掩蓋這些困難，或者僅僅用鎮痛劑去消解，那麼，它們遲早將爆發為無可挽回的災難，這些災難將使科學毀於一種徹底的懷疑主義。

※　※　※

既然眞正說來正是自由概念，在純粹思辨理性的一切理念中，唯一在超感性事物的領域裡，即便僅僅就實踐知識而言，取得了如此巨大的擴展，所以我問自己：這個概念究竟是從何處獨一無二地分獲了如此巨大的能產性，而其他概念雖然爲純粹的可能的知性存在者標明了空缺的位置，但卻不能透過任何東西對這些存在者的概念作出規定。我很快就領會到，既然我離開範疇就不能思維任何東西，所以即便是在關於我所探討的自由的理性理念中，也必須首先尋找範疇，它在這裡就是因果性範疇。而且即使自由的理性概念作爲越界的概念，不可能給它加上任何相應的直觀，但儘管如此，對於自由的理性概念爲了其綜合而要求無條件者的那個知性概念（因果性概念）來說，卻必須事先被給予一個感性直觀，用來首先保證它的客觀實在性。現在，一切範疇都被劃分爲兩類，即僅僅關涉客體表象中的綜合統一的數學性範疇，以及關涉客體實存的表象中的綜合統一的力學性範疇。第一類範疇（量和質的範疇）在任何時候都包含著同類的東西的一種綜合，在這種綜合中，根本不可能爲在感性直觀中被給予的有條件者在空間和時間中找到無條件者，因爲這個無條件者本身會必定又屬於空間和時間，因而又總是有條件的，因此，即便在純粹理論理性的辯證論中，爲其找到無條件者和各種條件的總體的兩種相互對立的方式也都是錯誤的。第二類範疇（一個事物的因果性和必然性的範疇）則根本不要求（有條件者和條件在綜合中的）這種同類性，因爲這裡直觀被表現，不是如同它由其中的雜多複合而成那樣，而是僅僅如同與它相應的有條件的對象的實存附加在條件的實存上面（在知性中作爲與之連結的）那樣，這時就允許爲感官世界中的普遍有條件者（無論是就因果性而言，還是就事物的偶然存在而言）設定理知世界中的、儘管在其他方面並不確定的無條件者，並使綜合成爲超驗的。因此，即便在純粹思辨理性的辯證論中也發生如下情況，即爲有條件者找到無條件者的兩個表面上相互對立的方式，例如，在因果性的綜合中爲感官世界的原因和結果序列中的有條件者設想不再有感性條件的因果性，實際上並不相互矛盾。而同一個行動，作爲屬於感官世界的，在任何時候都是有感性條件的，亦即機械必然的，卻同時也作爲屬於行動著的存在者的因果性的，就該存在者屬於理知世界而言，能夠以一個無感性條件的因果性爲根據，從而被設想爲自由的。現在，事情僅僅取決於這個能夠會轉變爲是，也就是說，人們能夠在一個現實的場合彷彿是透過一個事實來證明，某些行動無論是現實的還是僅僅被命令的，亦即客觀實踐上必然的，都以這樣一種因果性（理智的、無感性條件的因果性）爲前提條件。在現實地在經驗中被給予的、作爲感官世界的事件的行動上，我們不能指望發現這種連結，因爲憑藉自由的因果性總是必須到感官世界之外在理知的東西中去尋找。但是，除了感官存在者之外，其他事物並不被給予我們供感知和觀察。因此，剩下來的就無非是，也許將找到一條不矛盾的、確切地說是客觀的因果性原理，它從因果性的規定中排除一切感性的條件，也就是說，在這樣一條原理中，理性不再援引某種別的東西來做因果性方面的規定根據，而是透過那個原理已經本身包含著這個規定根據，因而它作爲純粹理性自身就是實踐的。但是，這個原理不需要尋找和發明；它早就存在於所有人的理性中，被歸併入他們的本質，而且就是道德的原理。因此，那個無條件的因果性及其能力，即自由，但連同自由還有一個屬於感官世界的存在者（我本人），畢竟同時不僅僅是被不確定地和或然地設想爲屬於理知世界的（思辨理性就已經能夠查明這是可行的），而且是甚至就自由的因果性的法則而言被確定地和實然地認識到，理知世界的現實性就這樣，確切地說在實踐的考慮中確定地被給予我們，而這種規定在理論的意圖中會是超驗的（越界的），在實踐的意圖中卻是內在的。但是，我們在第二個力學性的理念方面，亦即在一個必然的存在者的理念方面，卻不能邁出同樣的一步。不以第一個力學性的理念爲仲介，我們就不可能從感官世界出發上升到這個必然的存在者。因爲假如我們想試一試，我們就必須大膽地跳躍，離開被給予我們的一切，飛躍到甚至絲毫沒有被給予我們的東西那裡，由此，我們才能促成這樣一個理知的存在者與感官世界的連結（因爲必然的存在者應當被認識爲在我們之外被給予的）；與此相反，在我們自己的主體方面，就它一方面透過道德法則（借助自由）把自己規定成爲理知的存在者，另一方面認識到自己是按照這種規定在感官世界中如同現在親眼所見的那樣活動的而言，上述情況倒是完全可能的。唯有自由的概念允許我們可以不超出我們之外去爲有條件的東西和感性的東西找到無條件的東西和理知的東西。因爲正是我們的理性本身，透過最高的和無條件的實踐法則和意識到這法則的存在者（我們自己的人格），認識到自己是屬於純粹的知性世界的，確切地說，認識到自己甚至負有這個存在者本身能夠如何活動的那種方式的使命。這樣就可以領會，爲什麼在全部理性能力中，**唯有實踐**的理性能力才可能是幫助我們超出感官世界，並使我們獲得關於一種超感性的秩序和連結的知識的理性能力，但也正因爲此，這些知識當然就只能夠在對於純粹的實踐意圖有必要的範圍內得到擴展。

請允許我借此機會再提醒注意一點，即人們憑藉純粹理性所邁出的每一步，哪怕是在人們根本不考慮微妙的思辨的實踐領域裡，都仍然如此精確地、確切地說自行地與理論理性批判的一切要素相銜接，就好像每一步都以深思熟慮的審愼想好，僅僅是爲了使這一批判獲得證實似的。實踐理性的最重要的命題與思辨理性批判的經常顯得過於微妙和不必要的說明的這樣一種不以任何方式被尋求，而是（就像人們只要願意把道德研究一直推進到它的原則就能夠相信的那樣）自行出現的精確印證，令人驚喜和驚奇，且加強了那條已經被其他人認識到並讚揚過的準則，即在每一種科學研究中都以一切可能的精確性和開放性不受干擾地繼續自己的進程，不把這研究在自己的領域之外也許會違背的東西放在心上，而是盡可能將它獨

106

立地加以眞實完備的完成。頻頻的觀察使我確信，如果人們完成了這件工作，那在這件工作的半途中，在我之外的其他學說看來有時顯得很可疑的東西，只要我直到這件工作完成之前對這種疑慮視而不見，並僅僅關注我的工作，最終就以出人意料的方式與絲毫不顧及那些學說、不偏袒和偏愛它們而自行產生出來的東西完全吻合。作者們只要能夠以更多一些的開放性從事工作，就會省去許多錯誤，省去許多徒勞的辛苦（因爲這辛苦是花費在幻覺之上的）。

第二卷 純粹實踐理性的辯證論

第一章 純粹實踐理性的一般辯證論

純粹理性在任何時候都有它的辯證論，不管人們是在它的思辨應用中、還是在它的實踐應用中考察它，因爲它爲一個被給予的有條件者要求諸條件的絕對總體，而這個總體唯有在物自身中才能找到。但是，既然事物的一切概念都必須與直觀相關，而直觀在我們人這裡永遠只能是感性的，從而對象不能被認識做物自身，而只能被認識做顯象，在顯象的有條件者和條件的序列中永遠不可能找到無條件者，所以，從諸條件的總體（因而無條件者）這個理性理念在顯象上的應用中就產生出一個不可避免的幻相，就好像這些顯象就是事物自身似的（因爲在缺乏一種告誡性的批判時，它們在任何時候都被認爲是這樣的）。但是，如果這個幻相不是在把理性爲一切有條件者預設無條件者的原理應用到顯象上時，透過理性與自己本身的衝突而自己暴露出來，它就永遠不會被發覺是騙人的。但是，理性由此就被迫去探究這個幻相，看它是從何處產生的，以及如何才能消除它，而這唯有透過對全部純粹理性能力進行一種完備的批判才能做到；以至於純粹理性在其辯證論中顯露出來的二論背反，事實上是人類理性歷來可能曾陷入的最有利的迷誤，因爲它最終推動我們去尋找走出這個迷宮的鑰匙，這個鑰匙如果被找到，它還將揭示人們不曾尋找卻畢竟需要的東西，亦即對事物的一種更高的、不變的秩序的展望，我們現在已經處身於這種秩序中，而且我們從現在起就可以由確定的規範來指導，按照最高的理性規定在這個秩序中去繼續我們的存在。

在純粹理性的思辨應用中如何能夠解決那種自然的辯證關係，以及如何防止出自一個除此之外也是自然的幻相的錯誤，人們可以在那種能力的批判中詳細得知。但是，理性在其實踐應用中的情況一點也不更好。它作爲純粹的實踐理性，同樣爲實踐上的有條件者（基於偏好和自然需要的東西）尋找無條件者，而且不是作爲意志的規定根據，而是即便這個規定根據（在道德法則中）已經被給予，也以至善的名義尋找的純粹實踐理性對象的無條件總體。

在實踐上、亦即爲了我們的合理性的行爲的準則而充分規定這個理念，這也就是**智慧學**，而智慧學作爲科學又是古人理解這個詞的意義上的**哲學**，在古人那裡，哲學曾是對至善必須在其中設立的那個概念和至善必須藉以獲得的那個行爲的指示。如果我們讓這個詞保留它的古代意義，即作爲一種**至善的學說**，那就好了，只要理性致力於在其中使至善成爲**科學**。因爲一方面，這個附帶的限制條件將會符合這個希臘術語（它意味著愛智慧），同時又畢竟足以把愛**科學**、因而愛理性的一切思辨知識，就其既爲了那個概念而有助於理性，也有助於實踐的規定根據而言，一併包括在哲學的名義之下，卻又不會讓唯有它能被稱爲智慧學所因之的那個主要目的從視野中消失。另一方面，對於膽敢以一個哲學家的頭銜來自居的人，一旦人們透過定義而把將大大降低他的資格的自我評估尺度擺在他面前，就會嚇退他的自大，這也不是壞事。因爲做一位**智慧教師**，比起一個還一直沒有達到足以用對一個如此高尚的目的的可靠期待來指導自己，更不用說指導別人的學生來說，也許要意味著更多的東西；它會意味著一個**瞭解智慧的大師**，它要說的將超過一個謙虛的人所自命的，而哲學將會和智慧本身一樣，還一直保持爲一個理想，這理想客觀上唯有在理性中才被表現出來，但主觀上對人格來說卻只是他不斷努力的目標，而且唯有能夠把這種努力的不容置疑的結果（在對他自己的克制和他對普遍的善首先抱有的無可懷疑的興趣中）在自己的人格上作爲榜樣樹立起來的人，才有資格聲稱以一個哲學家的自命名義達到了這個目標，這也是古人爲了能夠配得上那個榮譽稱號所要求的。

就純粹實踐理性的辯證關係而言，在對至善的概念進行規定這一點上（如果純粹實踐理性的辯證關係得以解決，這種辯證關係就與理論理性的辯證關係一樣，讓人期待最有利的結果，因爲坦誠地處理而不是隱瞞純粹實踐理性與它自己的矛盾，將迫使對它自己的能力進行完備的批判），我們只想再預先作一個提醒。

道德法則是純粹意志的唯一規定根據。但由於這個法則是純然形式的（也就是說，僅僅要求準則的形式是普遍立法的），所以，它作爲規定根據就抽掉了一切質料，因而抽掉了意欲的一切客體。所以，儘管至善是一個純粹實踐理性，亦即一個純粹意志的全部客體，但它卻並不因此就能被視爲純粹意志的規定根據，而唯有道德法則才必須被視爲使至善和至善的造就或者促成成爲自己的客體的根據。這個提醒在一個像對道德原則進行規定這樣的棘手場合具有重要的意義，在此，即使最小的誤解都會歪曲意向。因爲人們從分析論中就已經看出，如果人們在道德法則之前把某一個客體以一種善的名義假定爲意志的規定根據，然後從它派生出至上的實踐原則，在這種情況下，這種原則任何時候都會帶來他律，並排斥道德原則。

但不言而喻的是，如果在至上的概念中，道德法則作爲至上的條件已經一起包含在內了，那麼，至善就不僅僅是客體，而且是就連它的概念以及它透過我們的實踐理性而可能的實存的表象，也同時會是純粹意志的規定根據了；因爲在這種情況下，實際上是在這個概念中已經包含著並同時被想到的道德法則，而不是任何別的對象在按照自律的原則規定著意志。關於意志規定的各概念的這種秩序不可受到忽視，因爲若不然，人們就將誤解自己，以爲自己在自相矛盾，其實一切都處在彼此之間最完滿的和諧之中。

110

第二章　純粹理性在規定至善概念時的辯證論

至高的東西這個概念已經包含著一種歧義，如果人們忽視這種歧義，它就可能引起不必要的爭執。至高的東西可以意味著至上的東西（supremum〔最上面的東西〕），也可以意味著完滿的東西（consummatum〔完成了的東西〕）。前者是這樣一種條件，它本身是無條件的，亦即不從屬於任何別的條件（originarium〔原初的東西〕）；後者是這樣一個整體，它不是某個同類的更大整體的一個部分（perfectissimum〔最完備的東西〕）。德性（作爲配享幸福的條件）是一切在我們看來只要可能值得期望的東西，因而也是我們謀求幸福的一切努力的**至上條件**，所以是**至上的善**，這在分析論中已經證明。但是，它因此就還不是作爲有理性的有限存在者的欲求能力之對象的完整的和完滿的善，因爲要作爲這樣的善，就還要求有幸福，而且不僅僅是在使自己成爲目的的那種人格的偏頗目光中，而是甚至在把世界上的一般人格視爲目的自身的一種無偏見的理性的判斷中亦是如此。因爲需要幸福，也配享幸福，儘管如此卻沒有分享幸福，這是與一個同時擁有一切權力的理性存在者的完善意願根本不能共存的，哪怕我們只是嘗試設想這樣一個存在者。現在，如果德性和幸福在一個人格中共同構成對至善的擁有，但此處完全精確地與道德（作爲人格的價值及其對幸福的配享）成正比來分配的幸福也構成一個可能世界的**至善**，那麼，這種至善就意味著整體，意味著完滿的善，但德性在其中始終作爲條件是至上的善，因爲它不再有在自己之上的任何條件，幸福則始終是某種雖然使擁有它的人愜意、但卻並非獨自就絕對善並在一切考慮中都善的東西，而是在任何時候都以道德上的合乎法則的行爲爲前提條件。

111

必然地結合在一個概念之中的兩個規定必須作爲根據和後果連結起來，確切地說，這個統一體要麼被視爲分析的（邏輯的連結），要麼被視爲綜合的，前者依據的是同一律，後者依據的是因果律。因此，德性與幸福的連結要麼可以這樣來理解，即努力成爲有德性的和有理性地謀求幸福，這並不是兩個不同的行動，而是兩個完全同一的行動，因爲前者除去爲了後者之外，不需要有別的任何準則被當作根據；要麼那種連結被置於如此境地，即德性把幸福當作某種與德性意識不同的東西產生出來，就像原因產生出一個結果那樣。

在古希臘各學派中，眞正說來只有兩個學派，雖然它們在規定至善概念時就它們不承認德性和幸福是至善的兩個不同的要素，因而按照統一性的規則來尋求原則的統一性而言遵循著同樣的方法；但就它們在兩者中間以不同的方式選擇基本概念而言，它們又分道揚鑣了。伊比鳩魯學派說：意識到自己導向幸福的準則，這就是德性；斯多亞學派說：意識到自己的德性，這就是幸福。對於前者來說，聰明就等於道德；對於爲德性選擇了一個更高尚的稱謂的後者來說，唯有道德才是眞正的智慧。

人們不得不遺憾的是，這些人士的洞察力（人們畢竟不得不因此而對這種洞察力表示驚讚，即他們在如此早的時代就已經嘗試哲學征服的一切可以想出來的道路）不幸被用來在兩個極不同類的概念，即幸福概念和德性概念之間苦思冥想同一性。不過，這與他們的時代的辯證精神是相適合的，這甚至現在也還有時誘惑一些敏銳的頭腦，透過力圖把原則中的根本的和絕對無法統一的區別轉化爲詞句之爭，並如此在表面上裝出僅僅稱謂不同而概念統一的

112

樣子，來取消這些區別，而且這通常涉及這樣一些場合，其中不同類的根據的結合如此高深，或者要求對通常在哲學體系中被接受的那些學說有一種如此徹底的轉變，以至於人們不敢深入討論實在的區別，而寧可把這區別當作純然程序的不一致來對待。

當這兩個學派力圖苦思冥想德性和幸福這兩個實踐原則的等同性時，在它們想如何硬得出這種同一性這一點上，它們彼此並不一致，而是以無限的距離分道揚鑣了，因爲一派把自己的原則設定在感性方面，另一派則把它設定在邏輯方面；一派把它設定在感性需要的意識中，另一派則把它設定在實踐理性對一切感性的規定根據的獨立性中。在**伊比鳩魯學派**看來，德性的概念已經蘊涵在促進其自己的幸福這個準則之中；與此相反，在**斯多亞學派**看來，幸福的情感已經包含在自己的德性的意識之中。但是，包含在另一個概念之中的東西，雖然與包含者的一個部分相等，但卻並不與整體相等。此外，兩個整體雖然由同一種材料組成，但仍然可能在種類上彼此有別；也就是說，如果兩者中的各個部分被以完全不同的方式結合在一個整體之中的話。斯多亞學派主張德性就是**整個至善**，幸福只不過是對擁有德性的意識，屬於主體的狀態。伊比鳩魯學派主張幸福就是**整個至善**，德性只不過是謀求幸福這個準則的形式，也就是說，在於有理性地使用達到幸福的手段。

但現在，從分析論中可以清楚，德性的準則和自己幸福的準則就其至上的實踐原則而言是完全不同類的，而且它們儘管都屬於一種至善，爲的是使至善成爲可能，但卻遠遠不是一致的，它們在同一個主體中極力相互限制、相互損害。因此，**至善在實踐上何以可能**，這個問題儘管有迄今作出的一切聯合嘗試，也還始終是一個未曾得到解決的課題。但是，使它成爲一個難以解決的課題的東西，在分析論中已經給出了，亦即幸福和道德是至善的兩個在種類上完全不同的要素，因而它們的結合不能被分析地認識到（例如，如此尋求自己的幸福的人，在他的這個行爲中透過對其概念的純然分解就會發現自己是有德性的；或者如此遵循德性的人，在對這樣一種行爲的意識中就會發現自己已經實際上有福了），而是這兩個概念的一種綜合。但是，由於這種結合被認爲是先天的，因而在實踐上是必然的，從而不是從經驗中派生出來的，而至善的可能性不基於任何經驗性的原則，所以，這個概念的演繹就必須是先驗的。透過意志的自由產生出至善，這是先天地（在道德上）必然的，因此，至善的可能性的條件也必須僅僅基於先天的知識根據。

一、實踐理性的二論背反

在對我們來說實踐的，亦即要透過我們的意志來使之實現的至善中，德性和幸福被設想爲必然地結合在一起，以至於一方若沒有另一方也屬於它，就不能被純粹實踐理性所接受。現在，這種結合（與任何一種結合一樣）要麼是分析的，要麼是綜合的。但既然這種被給予的結合如前面指出的那樣，不可能是分析的，所以，它們必須被綜合地、確切地說被當作原因與結果的連結來設想：因爲它涉及一種實踐的善，亦即透過行動而可能的東西。因此，要麼對幸福的欲求是德性的準則的動因，要麼德性的準則必須是幸福的作用因。前者是絕對不可能的：因爲（如分析論中已經證明的）把意志的規定根據設定在對自己的幸福的要求之中的準則，根本不是道德的，不能建立任何德性。但後者也不可能，因爲世界上的任何原因和結果的實踐連結，作爲意志規定的後果，都不是取決於意志的道德意向，而是取決於對自然法則的知識和爲了自己的意圖而利用這種知識的物理能力，因而不能在世界上透過一絲不苟地遵守道德法則來期望幸福與德性的任何一種必然的和足以達到至善的連結。現在，既然對在自己的概念中包含著這種連結的至善的促進是我們的意志的一個先天必然的客體，而且與道德法則有不可分割的聯繫，所以，前者的不可能性必定也證明後者的謬誤。因此，如果至善按照實踐規則是不可能的，那麼，要求促進至善的道德法則也必定是幻想的，是置於空的想像出來的目的之上的，因而自身就是錯誤的。

二、對實踐理性的二論背反的批判性消除

在純粹思辨理性的二論背反中，在世界上的各事件的因果性中，自然必然性和自由之間發生了一種類似的衝突。由於已經證明，如果人們把各事件，甚至把各事件在其中發生的世界（如同人們也應當的那樣）僅僅視爲顯象，那就不會有任何眞正的衝突，所以，上述衝突已被消除；因爲同一個行動著的存在者作爲**顯象**（甚至在他自己的內部感官面前），具有感

官世界中的一種任何時候都符合自然機械作用的因果性，但就同一個事件而言，如果行動著的人格同時把自己視爲**本體**（作爲純粹理智，在他不能按照時間來規定的存在中），那麼，他就會能夠包含著那種按照自然法則的因果性的一個甚至擺脫了一切自然法則的規定根據。

眼前的純粹實踐理性的二論背反正是這種情況。這兩個命題中的第一個命題，即對幸福的追求產生出有德性的意向的一個根據，是絕對錯誤的；但第二個命題，即德性意向必然地產生幸福，則並不是絕對錯誤的，而是僅僅就德性意向被視爲感官世界中的因果性的形式而言，因而當我把感官世界中的存在當作理性存在者的唯一實存方式時，才是錯誤的，因而只是有條件地錯誤的。但是，既然我不僅有權把我的存在也設想爲一個知性世界中的本體，而且甚至在道德法則上擁有我的（感官世界中的）因果性的一個純粹理智的規定根據，所以，意向的道德性作爲原因，而與作爲感官世界中的結果的幸福擁有一種即便不是直接的、但也畢竟是間接的（以自然的一個理知的創造者爲仲介），而且是必然的聯繫，這並非不可能，這種結合在一個僅僅是感官客體的自然中永遠只是偶然地發生的，而且不能達到至善。

因此，儘管一種實踐理性與自己本身有這種表面上的衝突，至善仍是一個在道德上被規定的意志的必然的最高目的，是實踐理性的一個眞正客體；因爲它是實踐上可能的，而且意志的那些按照其質料與此相關的準則都具有客觀實在性，這種客觀實在性最初由於道德和幸福按照一條普遍的法則相結合時的二論背反而受到打擊，但卻是出自純然的誤解，因爲人們把顯象之間的關係當成了物自身與這些顯象的關係。

如果我們發現自己被迫在這樣的遠距離上，亦即在與一個理知世界的連結中去尋找至善這個由理性告知一切理性存在者的其一切道德願望的目標的可能性，那麼，必定令人感到奇怪的是，無論是古代的哲學家還是近代的哲學家，都仍然能夠已經在此生中（在感官世界中）發現了與德性有完全適當的比例的幸福，或者能夠勸說人們，說意識到了這種幸福。因爲無論是**伊比鳩魯**還是**斯多亞學派**，都把從生活裡面的德性意識中產生的幸福提升到一切東西之上。前者在他的實踐規範中並不那麼思想卑鄙，就像人們可能從他的理論的那些他爲了說明、而不是爲了行動而使用的原則所推論出來的那樣，或者像許多人被用淫樂這個表述替換滿意所誘導，對這一理論所作的解釋那樣；相反地，他把最不自私的善行也算做內心歡樂的享受方式，而且就像哪怕是最嚴格的道德哲學家所可能要求的那種知足和對偏好的節制，也都屬於他對一種愉悅（他把這理解爲持久喜悅的心情）的規劃；在這方面，他與斯多亞學派的主要分歧僅僅在於，他把動因設定在這種愉悅裡面，而斯多亞學派拒絕，確切地說有理由拒絕這樣做。因爲一方面，有德性的伊比鳩魯，正像現在還有許多在道德上具有良好意向的、儘管對自己的原則沒有足夠地深入反思的人士那樣，陷入了在他最初想要爲之說明德性動機的那些人格身上已經預設有德性的意向的錯誤（而事實上，正直的人如果不是事先意識到自己的正直的話，是不可能感到幸福的；因爲鑒於有德性的意向，他在逾越時會由於他自己的思維方式而被迫對自己作出的責備以及道德上的自我譴責，會剝奪他對他的狀態通常可能包含的愜意的一切享受）。但問題是：評價自己的存在的價值這樣一種意向和思維方式，最初是透過什麼才成爲可能的，因爲在它之前，主體中還根本找不到對一般道德價值的任何情感？當然，如果人是有德性的，那麼，他不在每個行動中意識到自己的正直就感受不到生活的樂趣，哪怕在物理狀態中的幸運對他是如此有利；但是，爲了首先使他成爲有德性的，因而還在他如此高度評估他的實存的道德價值之前，人們能夠誇讚他具有從對一種正直的意識中產生的、而他畢竟對之沒有任何意識的心靈平靜嗎？

但另一方面，這裡總是有一種欺詐的錯誤（vitium subreptionis）的根據，彷彿是對與人們所感之事不同的人們所做之事的自我意識中的一種視幻覺的根據，這種視幻覺即便最經受過考驗的人也不能完全避免。道德意向是與直接透過法則對意志進行規定的意識必然地結合在一起的。現在，對欲求能力進行規定的意識一直是對由此產生的行動感到心滿意足的根據。但是這種愉快、這種對自身的心滿意足，並不是行動的規定根據；相反地，直接地、僅僅透過理性對意志進行的規定，才是愉快情感的根據，而那種規定依然是對欲求能力的一種純粹的、實踐的規定，而不是感性的規定。既然這種規定在內心中起著活動的一種推動的作用，如同從所欲求的行動中被期待的愜意情感會起的作用一樣，所以，我們很容易把我們自己所做的事看做我們僅僅被動地感到的事，並且把道德的動機當作感性的推動，如同這通常總是在感官（這裡是內部感官）的所謂錯覺中發生的那樣。人類本性中的某種很崇高的東西，是直接被一個純粹的理性法則規定而去行動，甚至是這種錯覺，即把意志在理智上的可規定性之主觀的東西，視爲某種感性的東西和一種特殊的感性情感（因爲一種理智的情感會是一個矛盾）的作用。讓人注意到我們的人格性的這種屬性，並盡可能地培養理性對這種情感的作用，這也具有很大的重要性。但是，人們也必須小心提防，透過由於人們把特殊的快樂的情感作爲根據（它們畢竟只是後果）加給這種作爲動機的道德規定根據而對這種規定根據作出的不眞實的高度評價，彷彿是由於一種錯誤的陪襯而貶低和醜化眞正的、眞實的動機，即法則本身。因此，敬重，而不是愉悅或者對幸福的享受，才是沒有一種給理性提供根據的、先行的情感（因爲這種情感在任何時候都會是感性的和病理學的）爲之可能的某種東西，作爲對透過法則直接強迫意志的意識，幾乎說不上是愉快情感的類似物，因爲它在與欲求能力的關係中所造成的恰恰是同樣的東西，但卻是出自另外的源泉；不過，人們唯有透過這種表象方式才能達到人們所尋找的東西，即行動不僅是合乎義務地（依照愜意的情感），而且是出自義務而發生的，這必須是一切道德教育的眞正目的。

但是，人們就沒有一個不像幸福一詞那樣表示著一種享受、但卻指示著對自己的實存的心滿意足、指示著必須必然地伴隨德性意識的幸福的一種類似物的詞嗎？有！這個詞就是**自我滿意**。它在其本眞的意義上，任何時候都僅僅暗示著對自己的實存的一種消極的心滿意足，在這種心滿意足中，人們意識到自己不需要任何東西。自由和對自由是一種以占優勢的意向來遵守道德法則的能力的意識，就是對於偏好的獨立性，至少是對於作爲我們的欲求的規定性（即使不是作為其刺激性）動因的那些偏好的獨立性，而且就我在遵循我的道德準則時意識到這種獨立性而言，它就是一種必然與之結合在一起的、不基於任何特殊情感的、不可改變的滿意的唯一來源，而這種滿意就可以叫做理智的滿意。基於對偏好的滿足的感性的（非本眞地如此稱謂）滿意，無論它是如何巧妙地挖空心思想出的，都永遠不能適合人們對此所設想的東西。因為偏好是變易的，隨著人們讓它們受到的優待而增長，並且總是留下一個比人們想到去塡滿的還要更大的壑洞。因此，它們對於一個有理性的存在者來說，在任何時候都是累贅，而且即使他不能甩掉它們，它們也迫使他期望擺脫它們。甚至對合乎義務之事（例如對善行）的偏好，雖然很能夠使道德準則更容易發揮作用，但卻不能產生任何道德準則。因為在道德準則中，如果行動應當不僅僅包含合法性，而且也包含道德性的話，一切都必須是為了表現作為規定根據的法則。偏好是盲目的和奴性的，無論它是不是良性的，而理性在事情取決於道德時不僅必須扮演偏好的監護人，而且必須不考慮偏好而作為純粹實踐理性完全只關照它自己的興趣。甚至這種同情和好心腸的關心的情感，如果先行於什麼是義務的思考並成為規定根據的話，對於好心的人格本身來說也是累贅，它將使他們深思熟慮的準則陷入混亂，並造成擺脫它們並僅僅服從立法的理性的願望。

由此出發就可以理解：一個純粹實踐理性的這種能力的意識，如何能夠透過行為（德性）而產生出自己的偏好之上的高等力量的意識，由此就產生出對這些偏好，故而也對總是伴隨著這些偏好的不滿意的獨立性的意識，因而就產生出對自己的狀態的一種消極的心

118

滿意足，亦即滿意，這種滿意在其來源上就是對自己的人格的滿意。自由本身以這樣的方式（亦即間接地）將能夠有一種享受，這種享受不能叫做幸福，因爲它不依賴於一種情感的積極參與，嚴格說來也不能叫做永福，因爲它並不包含對偏好和需要的完全獨立性，但它畢竟和永福相似；也就是說，只要至少它的意志規定能夠保持不受這些偏好和需要的影響，因而至少按照其起源來說與人們只能賦予最高存在者的那種自足類似。

從實踐的純粹理性的二論背反的這種解決得出：在實踐的原理中，道德意識和對作爲道德的後果而與道德成比例的幸福的期待之間，一種自然的和必然的結合至少是可以設想爲可能的（但當然還並不因此就是可以認識到和看出的）；與此相反，謀求幸福的原理卻不可能產生出道德，因此，至上的善（作爲至善的第一個條件）構成道德。與此相反，幸福雖然構成至善的第二個要素，但卻是這樣構成的，即幸福只不過是前者的有道德條件的、但畢竟是必然的後果。唯有在這種隸屬關係中，至善才是純粹實踐理性的全部客體，純粹實踐理性必須把至善必然地表現爲可能的，因爲它的一條命令就是爲產生至善而作出一切可能的貢獻。但是，由於有條件者與其條件的這樣一種結合的可能性完全屬於事物的超感性的關係，而且按照感官世界的法則是根本不能被給予的，即便這個理念的實踐後果，亦即以使至善成爲現實爲目標的行動是屬於感官世界的，所以，我們將試圖首先就直接受我們控制的東西而言，其次在理性作爲我們在至善的可能性上的無能的補償而（按照實踐原則必然地）呈現給我們的、不受我們控制的東西中，展示那種可能性的各個根據。

三、純粹實踐理性在其與思辨理性相結合時的優先地位

我把兩個或者多個透過理性結合起來的事物之間的優先地位，理解爲某一個事物是與其餘所有事物的結合的首要規定根據這種優勢。在狹義的實踐意義上，它意味著某一個事物的興趣的優勢，只要其他事物的興趣都服從於它的興趣（它的興趣不能被置於其他興趣之後）。對於心靈的任何一種能力，人們都可以賦予一種興趣，亦即一個原則，它包含著唯有在其下這能力的實施才能得到促進的條件。理性作爲諸原則的能力，規定著一切心靈力量的興趣，但它自己的興趣卻是自己規定自己的。它的思辨應用的興趣在於認識客體，直到那些最高的先天原則，而實踐應用的興趣則在於就最終的和完備的目的而言規定意志。一般理性應用的可能性所要求的東西，亦即理性的各個原則和主張必須不相互矛盾，並不構成理性的興趣的任何部分，而是一般而言擁有理性的條件；唯有擴展，而不是僅僅與自己相一致，才被算作理性的興趣。

如果實踐理性除了思辨理性獨自就能夠從自己的洞識出發呈獻給它的東西之外，不再可以假定任何東西並把它當作被給予的來思維，那麼，思辨理性就占有優先地位。但假設實踐理性獨自就擁有原始的先天原則，與這些原則結合在一起的是某些理論的斷定，而這些斷定儘管如此卻避開了思辨理性的一切可能的洞識（儘管它們也必須不與思辨理性相矛盾），那麼問題就是，哪一種興趣是至上的興趣（而不是哪一種興趣必須退出，因爲一種興趣並不必

然與另一種興趣相矛盾）：對於實踐理性交給它去接受的一切東西一無所知的思辨理性，是否必須接受這些命題，並且即使這些命題對於思辨理性來說是越界的，思辨理性也必須把它們當作一筆外來的、被過帳給它的財產而與自己的概念一致起來，或者思辨理性是否有權頑固地恪守它自己的被隔離開的興趣，並按照伊比鳩魯的準則學把一切不能透過顯而易見的、可以在經驗中提出的實例來認證自己的客觀實在性的東西，都當作空洞的玄想而加以拒絕，即使這東西還如此與實踐的（純粹的）應用的興趣交織在一起，自身也不與理論理性相矛盾，只是由於它就取消思辨理性為自己設定的界限，並使思辨理性經受想像力的一切胡鬧或者妄念而言，確實損害著思辨理性的興趣罷了。

實際上，如果實踐理性作為有病理學條件的，亦即作為在幸福的感性原則下僅僅管理諸偏好的興趣的，而被奠定為基礎，那麼，就根本不能對思辨理性作出這種苛求。穆罕默德的天堂，或者通神論者和神祕主義者們與神性的融為一體，如同每個人興之所至那樣，都會把他們的巨大的怪物強加給理性，而完全沒有理性，以及以這樣的方式使理性經受一切夢幻，就會是同樣的事情。然而，如果純粹理性獨自就能夠是實踐的，而且也確實如此，就像道德法則的意識所證明的那樣，那麼，就畢竟總是只有同一種理性，無論是在理論的意圖中還是在實踐的意圖中，它都在按照先天原則作出判斷。而且在這裡很清楚，即使理性的能力在前一個意圖中做不到肯定地確立某些命題，然而這些命題卻也不與理性相矛盾，正是這些命題，只要它們不可分割地屬於純粹理性的實踐興趣，雖然是作為一種對純粹理性來說外來的建議，這建議並不是在純粹理性的地基上生長起來的，但畢竟得到了充分的認可，理性就必須接受它們，並力圖把它們與理性作爲思辨理性所能控制的一切進行比較和連結；但要滿足於：這並不是理性的洞識，然而卻是理性的應用在某個別的、亦即實踐的意圖中的擴展，這與理性那本身在於限制思辨的違禁的興趣是根本不相悖的。

因此，在純粹思辨理性與純粹實踐理性結合成爲一種知識時，後者占有優先地位，因爲已經預設的是，這種結合絕不是偶然的和隨意的，而是先天地基於理性本身的，因而是必然的。因爲沒有這種隸屬關係，就會產生理性與自己本身的一種衝突；因爲如果兩者僅僅相互並列（並立），那麼，前者就會獨自緊緊地閉鎖自己的邊界，而不從後者接受任何東西到自己的疆域中來，但後者仍然會把自己的邊界擴展到一切之外，並且在它的需要有要求時，力圖把前者一起包括到自己的邊界之內。但是，人們根本不能苛求純粹實踐理性隸屬於思辨理性，從而把這種秩序顚倒過來，因爲一切興趣最終都是實踐的，而且思辨理性的興趣也只是有條件的，唯有在實踐應用中才是完整的。

四、作為純粹實踐理性之公設的靈魂不死

在塵世中造就至善，這是一個可以由道德法則規定的意志的必然客體。但在這個意志中，意向與道德法則的完全適合是至善的至上條件。因此，這種適合必須與其客體一樣是可

能的，因為它是包含在促進這個客體的誡命之中的。但是，意志與道德法則的完全適合就是神聖性，是沒有一個感官世界的理性存在者在其存在的某一時刻能夠達到的一種完善性。然而，既然這種完善性儘管如此仍然作為實踐上必要的而被要求，所以，它就唯有在向著完全適合的一種無限進展的進步中才能被發現，而且按照純粹實踐理性的各原則，把這樣一種實踐的進步假定為我們意志的實在客體，也是必要的。

但是，這種無限的進步唯有預設同一個理性存在者的一種無限綿延的實存和人格性（人們把這稱為靈魂的不死），才是可能的。因此，至善在實踐上唯有預設靈魂的不死才是可能的，因而靈魂不死與道德法則不可分離地結合在一起，是純粹實踐理性的一個公設（我把公設理解為一個理論的、但本身不可證明的命題，只要這個命題不可分離地依附於一個先天無條件地有效的實踐法則）。

關於我們本性的道德規定的這一命題，即唯有在一種無限進展的進步中才能達到與道德法則的完全適合，具有極大的效用，這不僅是考慮到目前對思辨理性的無能的補償，而且也是就宗教而言的。如果缺少這一命題，則道德法則要麼就完全被貶值而失去其神聖性，因為人們把它矯飾為寬縱的（寬容的），從而適合我們的愜意的，要麼就把自己的天職，同時也把自己的期待張大，使之成為一種無法達到的規定，即成為所期冀的意志的神聖性的完全獲得，並且迷失在狂熱的、與自知之明完全相矛盾的通神論的夢幻中，而這兩者都只會妨礙對準確而且完全地遵循一種嚴格的、不寬縱的、儘管如此也並非理想的、而是真正的理性誡命

123

的不懈追求。對於一個理性的、但卻有限的存在者來說，唯有從道德完善性的低級階段向較高階段的無限進步才是可能的。對於無限者來說，時間條件是無，他把這個對我們來說無窮無盡的序列看做與道德法則的那種適合性的整體，而且他的誡命為了在他給每一個人規定的至善份額上與它的公正相符而毫不含糊地要求的神聖性，唯有在對理性存在者的存在的一種理智直觀中才可以完全發現。而就這種份額的希望而言，唯一能夠屬於造物的東西，則是對他那經過考驗的意向的意識，為的是從他迄今由比較惡到道德上比較善的進步中，從他由此得知的始終不渝的決心中，希望不論他的實存能夠達到多久，甚至超出此生，這種進步今後都將堅持不懈地延續下去①，而且絕不是此時或者在他的存在的某個可以預見的未來時刻，

① 儘管如此，確信自己的意向在向善的進步中始終不渝，對於一個造物獨自來說似乎是不可能的。因此緣故，基督教的宗教學說也僅僅讓這種確信起源自聖靈，聖靈使人神聖，也就是說造成堅定的決心，並與此同時造成在道德進步中的不屈不撓的意識。但是，意識到自己畢生很長時間裡直到生命終結都在堅持向著更善進步，並且是出自眞正的道德動機的人，也自然而然地可以形成儘管還不是確知卻令人慰藉的希望，即他在一種超出此生而繼續的實存中還將堅守這些原理，而且儘管在他自己的眼中，他在這裡絕沒有充足的理由，也不可以憑著所期冀的他的自然完善性的未來增長——但與此同時他的義務也在增長——而在某個時候希望有一個永福的未來的前景，儘管如此卻可以在這種雖然涉及一個無限推移的目標，但對於上帝來說卻已屬擁有的進步中希望這一點；因為永福是理性用來表示一種不依賴於塵世中一切偶然原因的完備福祉的術語，這種

而只是在他的存續的（唯有上帝才能綜觀的）無限性中與上帝的意志完全契合（無須與公正不相稱的寬縱和赦免）。

五、作為純粹實踐理性之公設的上帝存在

在前面的分析中，道德法則導致了無須感性動機的任何參與而僅僅由純粹理性指定的實踐任務，也就是至善的第一和主要的部分，亦即道德性的必然完備性，而且既然這一任務唯有在一種永恆中才能完全得到解決，就導致了不死的公設。正是這一法則，也必然和前面一樣無私地、僅僅從不偏不倚的理性出發，導致至善的第二個要素的可能性，亦即與那種道德性相適合的幸福的可能性；也就是說，導向一個與這種結果相符的原因的存在的預設，亦即把上帝的實存公設爲必然屬於至善（我們意志的這一客體是與純粹理性的道德立法必然相結合的）的可能性的。我們要令人信服地闡述這一聯繫。

幸福是塵世中一個理性存在者的狀態，對這個理性存在者來說，就他的實存的整體而言一切都按照願望和意志進行，因而所依據的是自然與他的整個目的，此外與他的意志的本質

福祉與神聖性一樣，是一個只能包含在一種無限的進步及其總體性之中的，因而永遠不爲造物完全達到的理念。

性規定根據的協調一致。現在，道德法則作爲一條自由的法則，是透過應當完全不依賴於自然及其與我們的欲求能力（作爲動機）的協調一致的那些規定根據發布命令的；但是，在塵世中行動著的理性存在者畢竟並不同時是世界和自然本身的原因，因此，在道德法則中沒有絲毫的根據，來使一個作爲部分屬於世界，因而依賴於世界的存在者的道德性和與之成比例的幸福之間有一種必然的聯繫，這個存在者正因而不能透過自己的意志成爲這個自然的原因，而且就他的幸福而言，也不能從自己的力量出發使這個自然與他的實踐原理完全一致。儘管如此，在純粹理性的實踐任務中，也就是說，在對至善的必然探討中，這樣一種聯繫卻被公設爲必然的：我們**應當**力求促進至善（所以它畢竟必然是可能的）。因此，整個自然的一個與自然有別的原因的存在也就被公設了，這個原因包含著上述聯繫亦即幸福與道德性精確一致的根據。但是，這個至上的原因應當不僅包含自然與理性存在者的意志的一種法則一致的根據，而且還就這些理性存在者把這一法則給自己設定爲**意志**的至上規定根據而言，包含著自然與這一法則的表象一致的根據，從而不僅包含著自然與道德在形式上的一致，而且還包含著自然與道德在作爲他們動機的他們的道德性上的一致，也就是說，與他們的道德意向的一致。因此，唯有假定自然的一個擁有與道德意向相符合的因果性的至上原因，塵世中的至善才是可能的。現在，一個能夠按照法則的表象採取行動的存在者就是一個**理智**（理性存在者），而且這樣一個存在者按照法則的這種表象的因果性就是他的**意志**。因此，自然的至上原因，就其爲至善而必須被預設而言，就是一個透過**知性**和**意志**而是自然的原因（因而是創造者）的存在者，亦即上帝。所以，派生的至善（最好的世界）的可能性的公設，同時就是一個原始的至善的現實性的公設，亦即上帝的實存的公設。現在，對於我們來說，促進至善本就是義務，因而預設這種至善的可能性就不僅是許可權，而且也是與作為需要的義務相結合的必然性；既然至善唯有在上帝存在的條件下才是成立的，所以，上帝存在的預設就與義務不可分割地結合在一起；也就是說，假定上帝的存在，在道德上是必然的。

這裡應當注意的是：這種道德上的必然性是主觀的，亦即是需要，而不是客觀的，亦即本身不是義務；因為根本不可能有一種假定某個事物實存的義務（因為這僅僅關涉理性的理論應用）。這也不被理解為，假定上帝的存在是一切一般責任的一個根據，乃是必然的（因為如已經充分證明了的，這個根據所依據的僅僅是理性自身的自律）。在這裡，屬於義務的唯有對塵世中的至善的產生和促進所作的探討，因此，這種至善的可能性是可以公設的，但是我們的理性發現，只有預設一個最高的理智，這種可能性才是可思議的，因此，假定一個最高的理智的存在與我們的義務的意識是結合在一起的，儘管這種假定本身是屬於理論理性的；僅僅就理論理性而言，這種假定作為解釋根據來看可以叫做假說，但在與一個畢竟透過道德法則提交給我們的客體（至善）的關係中，因而在與一種實踐的意圖中的需要的關係中，它就可以叫做信念，而且是純粹的理性信念，因為唯有純粹的理性（不僅在其理論應用上，也在其實踐應用上）才是這種信念由以產生的源泉。

從現在開始，從這一演繹出發就可以理解，爲什麼希臘各學派從來未能解決它們關於至善的實踐可能性的問題，僅僅因爲它們總是使人的意志應用自己的自由的規則成爲這種可能性的唯一的和充足的根據，在它們看來爲此並不需要上帝的存在。雖然它們不依賴於這一公設，僅僅從理性與意志的關係出發來確立道德的原則，從而使之成爲至善的至上實踐條件，這一點做得很對，但它卻並不因此就是至善的可能性的全部條件。伊比鳩魯學派雖然把一個完全錯誤的道德原則，亦即幸福的原則，假定爲最高的原則，並且把依照每一個人自己的偏好進行任意選擇的準則偷換成一條法則，但他們在這裡的行事方式卻畢竟是足夠前後一致的，他們同樣地、亦即與他們的原理的低下成正比地貶低了他們的至善，而且並不期望有比透過人的明智（節制和偏好的控制也屬於明智）所獲得的更大的幸福，而如人們所知，這種明智的結果必定是相當貧乏的，並且根據種種情況是極爲不同的；就更不用說他們的準則必須不斷地承認的、並且使得他們的準則不適合於用做法則的種種例外了。與此相反，斯多亞學派完全正確地選擇他們至上的實踐原則亦即德性來作爲至善的條件，但由於他們把德性的純粹法則所需要的德性程度想像爲在此生完全可以達到的，所以，他們不僅把人的道德能力以一個智者的名義擴張到超出人的本性的所有限制的高度，並假定某種與一切人類知識相矛盾的東西，而且尤其也根本不想讓屬於至善的第二個成分，亦即幸福，被視爲人的欲求能力的一個特殊對象，而是使他們的智者宛如一個意識到自己人格的卓越性的神祇一般完全獨立於自然（在他的滿意方面），因爲他們雖然使這位智者遭受生活的不幸，但卻不使他屈服於這些不幸（同時也把他表現爲擺脫了惡的），這樣就實際上刪除了至善的第二個要素，亦即自身的幸福，因爲他們把這一要素僅僅設定在行動和對自己人格價值的滿足中，從而將它包括在道德思維方式的意識中，但在這裡，他們透過他們自己的本性的聲音就已經能夠被充分地駁倒了。

基督教的學說②，即便人們還不把它視爲宗教學說，也在這一點上提供了一個至善（上 128

---

② 人們通常認爲，基督教的道德規範就其純粹性而言，並沒有勝過斯多亞學派的道德概念之處；然而，兩者的區別畢竟是十分明顯的。斯多亞學派的體系使堅忍的意識成爲一切道德意向應當繞之旋轉的樞紐，而且儘管這一體系的追隨者們談到了義務，也十分清楚地規定了義務，但他們畢竟把動機和意志眞正的規定根據置於思維方式超越低級的、僅僅透過懦弱來起決定作用的感官動機之上的昇華中。因此，德性在他們那裡就是超升於人的動物本性之上的**智者**的某種英雄氣概；對於智者本人來說，英雄氣概就夠了，他雖然給別人講義務，但自己卻超脫了義務，不屈服於任何逾越道德法則的誘惑。但是，如果他們像福音書的規範所做的那樣，純粹且嚴格地表象這種法則，他們就做不到這一切了。如果我把一個**理念**理解爲一種完善性，在經驗中沒有任何東西能夠與它契合地被給予，那麼，道德理念因此就不是什麼過分的東西；也就是說，不是我們甚至連它的概念也不能充分規定的東西，或者是否某個地方有一個對象與之相應也不確定的東西，就像思辨理性的理念那樣；相反地，它們作爲實踐完善性的原型，充當著道德行爲不可或缺的準繩，同時充當著比較的尺度。如果我從其哲學方面來考察**基督教道德**，那麼，它與希臘各學派的理念相比就會表現如下：犬儒學

帝之國）的概念，唯有這個概念才使實踐理性的最嚴格的要求得到滿足。道德法則是神聖的（不寬縱的），並且要求道德的神聖性，雖然人所能夠達到的所有道德完善性都始終只不過是德性，亦即出自對法則的敬重的合乎法則的意向，因而是對於逾越，至少是遵循法則的動機不純，亦即混雜許多不純正的（非道德的）動機的一種持續的傾向的意識，所以是一種與謙卑相結合的自我欣賞，從而就基督教的法則所要求的神聖性而言，留存給造物的就只有無限的進步，但也正因爲此，造物就有理由希望自己無限的存續。一種與道德法則完全適合的意向的價值是無限的，因爲一切可能的幸福在一個智慧的和萬能的幸福分配者的判斷中，除了理性存在者對自己的義務缺乏適合之外，沒有任何別的限制。但是，道德法則獨自說來畢竟不應許幸福，因爲按照關於一般自然秩序的概念，幸福並不與道德法則的遵循結合在一起。基督教的道德學說透過把理性存在者，在其中盡心盡意地獻身於道德法則的世界描繪爲

派、伊比鳩魯學派、斯多亞學派和基督徒們的理念分別是：素樸、明智、智慧和神聖。至於達到它們的途徑，希臘哲學家們則各不相同，犬儒學派認爲平常的人類知性就夠了，其他的認爲只有科學的途徑才可以，因此，兩者畢竟都認爲單純應用自然力量就足以做到。基督教的道德由於如此純粹和不寬縱地確立自己的規範（也必須是這樣），就剝奪了人至少在此生與它完全契合的自信，但畢竟又這樣建立了自信，即如果我們盡我們能力所及地行爲善良，我們就能夠希望，非我們能力所及的東西，將在別的地方使我們受益，無論我們現在是否知道以何種方式。亞里斯多德和柏拉圖只是就我們道德概念的起源而言才彼此有別。

一個上帝之國而彌補了這一（至善的第二個不可或缺的成分的）欠缺，在上帝之國中，透過一位使派生的至善成為可能的神聖創造者，自然與道德達到了一種對兩者中的每一個單獨說來都不具有的和諧。道德的神聖性已經被指定為他們此生的準繩，但與這種神聖性成正比的福祉，亦即永福，卻僅僅被表象為在一種永恆中可達到的，因為前者在任何狀況中都必須始終是他們的行為的原型，而且向它的進步即便在此生中也是可能的和必然的，而後者則在這個塵世中卻是不能以幸福的名義達到的（就取決於我們的能力而言），因而僅僅被當作希望的對象。儘管如此，基督教的道德原則本身畢竟並不是神學的（因而不是他律的），而是純粹實踐理性獨自說來的自律，因為這種道德並不使上帝及其意志的知識成為這些法則的根據，而是僅僅使之成為在遵循這些法則的條件下達到至善的根據，它甚至把遵循這些法則的眞正動機不是置於所期望的遵循法則的後果中，而是僅僅置於義務的表象中；配得上獲得這些後果，就在於忠實地遵循這種義務。

以這樣的方式，道德法則就透過至善作為純粹實踐理性的客體和終極目的的概念導致了宗教，也就是說，導致了一切義務是神的誡命的知識，這些誡命不是強迫命令，亦即不是一個外來意志的任意的、自身偶然的指令，而是每一個自由意志自身的根本法則，但儘管如此卻必須被視為最高存在者的誡命，因為我們唯有從一個道德上完善的（神聖的和仁慈的），同時也是全能的意志那裡才能希望至善，從而透過與這個意志的一致才能希望達到至善，而把至善設定為我們追求的對象，則是道德法則使之成為我們的義務的。因此，即便在這裡，一切也依然是無私的、僅僅以義務爲根據的；不可以把恐懼或者希望作爲動機當作基礎，它們如果成爲原則，就會毀掉行動的全部道德價值。道德法則命令，要使一個塵世中可能的至善成爲我的一切行爲的最終對象。但是，除非透過我的意志與一個神聖的和仁慈的世界創造者的意志一致，我就不能希望去造成這個至善；儘管在作爲一個整體的至善概念中，最大的幸福與最大程度的道德的（在造物中可能的）完善性被表象爲以最精確的比例結合在一起的，我自己的幸福就一併包含在其中，但畢竟不是幸福，而是道德法則（它毋寧說把我對幸福的無限度追求嚴格地限制在一些條件上），才是被指定去促進至善的那個意志的規定根據。

因此，即便道德，真正說來也不是我們如何使得自己幸福的學說，而是我們應當如何配享幸福的學說。唯有當宗教出現時，也才出現我們有朝一日按照我們曾關注不至於不配享幸福的程度來分享幸福的希望。

如果某人擁有一件事物或者一種狀態，這與至善是一致的，那麼，他就配享這種擁有。現在，人們很容易就可以看出，所有的配享都取決於道德行爲，因爲道德行爲在至善的概念中構成了其餘的（屬於狀態的）東西的條件，亦即分享幸福的條件。於是由此得出：人們必須永遠不把道德當作幸福學說，亦即當作一種分享幸福的指南來對待，因爲它只與幸福的理性條件（conditio sine qua non〔必要條件〕）相關，而與獲得幸福的手段無關。但是，如果道德（它僅僅提出義務，但不給自私的願望提供規則）得到完備的闡述，唯有在這種情況下，當此前沒有一個自私的靈魂能夠產生的促進至善（給我們帶來上帝之國）的道德願望被喚醒，並爲了這個願望邁出了走向宗教的步伐之後，這種道德學說才能夠也被稱爲幸福學說，因爲對幸福的希望是隨著宗教才開始的。

人們由此就可以看出：如果就創造世界而言追問上帝的終極目的，則人們必須舉出的不是世上理性存在者的幸福，而是至善。至善給這些存在者的那個願望附加了一個條件，即配享幸福的條件，也就是這同一些理性存在者的道德性，唯有道德性才包含著他們據以能夠希望憑藉一位智慧的創造者之手分享幸福的唯一尺度。因爲既然智慧在理論上來看意味著至善的知識，而在實踐上來看意味著意志對至善的適合，所以，人們就不能把一種僅僅基於仁慈的目的賦予一個最高的獨立智慧。因爲只有在與創造者的意志的神聖性③相一致這個限制條

③在這裡，並且爲了標明這些概念的獨特之處，我還要說明的只是：當人們賦予上帝種種不同的屬性時，人們發現這些屬性的性質也適合造物，只不過它們在上帝那裡被提升到最高的程度罷了，例如，力量、知識、在場、善等，被稱爲全能、全知、全在、全善等。但畢竟有三種性質僅僅被賦予上帝，並且不帶關於大小的附加語，而且它們全都是道德上的：上帝是唯一神聖的、唯一永福的、唯一智慧的，因爲這些概念已經具有不受限制性。因此，按照它們的秩序，上帝在這種情況下也是神聖的立法者（和創造者）、仁慈的統治者（和維護者）、公正的審判者，這三個屬性包含著上帝藉以成爲宗教對象的一切，而與它們相適合，種種形而上學的完善性就自行添加進理性中。

件下，人們才能把仁慈的這種結果設想成與原始的至善相適合的。因此，那些把創造的目的設定在上帝的榮耀之中（前提條件是，人們不要以神人同形同性論的方式，把這種榮耀設想成受稱頌的偏好）的人們，也許就發現了最好的表述。因爲再也沒有比塵世中最寶貴的東西更能榮耀上帝了，這就是：敬重他的誡命，遵循他的法則交付給我們的神聖義務，如果他的壯麗的部署還要使這樣一種美好的秩序配上相適合的幸福而得以圓滿的話。如果後者（以人的方式來說）使上帝值得愛，那麼，他就由於前者而是崇拜（朝拜）的對象。甚至人們雖然也能夠透過行善而獲得愛，但卻永遠不能僅僅透過行善就獲得敬重，以至於最大的善行也只有透過按照配享來施行，才給他們帶來榮耀。

在種種目的的秩序中，人（以及每一個理性存在者）就是目的自身。也就是說，人永遠不能被某個人（甚至不被上帝）僅僅當作手段來使用，而不同時自身就是目的，因此，我們人格中的人性對我們自己來說必然是神聖的，這是從現在起自行得出的結論，因爲人是道德法則的主體，從而是那種就自身而言神聖的、一般來說某種東西只是因爲它並且與它相一致才能夠被稱爲神聖的東西的主體。因爲這種道德法則乃是建立在他的意志的自律之上的，作爲一種自由的意志，他的意志按照自己的普遍法則必然能夠同時與它應當服從的東西協調一致。

六、總論純粹實踐理性的公設

這些公設全都是從道德性的原理出發的，這個原理不是公設，而是理性用來直接規定意志的一個法則，這個意志正由於它被這樣規定而作爲純粹意志要求著遵循它的規範的這些必要條件。這些公設不是理論的教義，而是在必然實踐的考慮中的前提條件，因而雖然並不擴展思辨知識，但卻總的來說（憑藉它們與實踐的東西的關係）給予思辨理性的理念以客觀實在性，並使思辨理性對於它本來甚至不能自詡哪怕是僅僅主張其可能性的概念具有權利。

這些公設就是不死的公設、積極地來看（作爲一個存在者就其屬於理知世界而言的因果性）的自由的公設和上帝存在的公設。第一個公設產生自持存與道德法則的完整履踐相適應這個實踐上的必要條件；第二個公設產生自對感官世界的獨立性和按照一個理知世界的法則規定其意志的能力，亦即自由這個必要的前提條件；第三個公設產生自透過預設獨立的至善，亦即上帝的存在來給這樣一個理知世界爲了成爲至善提供條件的必要性。

因此，由於對道德法則的敬重而成爲必要的針對至善的意圖，亦即由此產生的對至善的客觀實在性的預設，就透過實踐理性的公設導向了思辨理性雖然能夠作爲課題提出、但卻未能解決的幾個概念。所以，(1)導向了這樣一個課題，在它的解決中思辨理性只能犯下謬誤推理（亦即不死的課題），因爲它缺乏持久性的特徵，不能把在自我意識中必然被賦予靈魂的那個最終主體的哲學概念補足成一個實體的實在表象，這一點，實踐理性透過一種爲在作爲實踐理性的全部目的的至善中與道德法則相適合所要求的持存的公設而做到了。(2)借助於自由的公設，它導向了這樣一個概念，關於它思辨理性只包含有二論背反，思辨理性只能把這二論背反的解決建立在一個雖然可以或然地思維，但就其客觀實在性而言卻對思辨理性來說不能證明和規定的概念之上，這就是一個理知世界的宇宙論理念，以及對我們在這個理知世界中的存在的意識（至於自由的實在性，它是透過道德法則，與此同時透過一個理知世界的法則來闡明的，對這個理知世界思辨理性只能指出，但卻不能規定它的概念）。(3)它使思辨理性雖然想到、但卻不得不使之作爲純然的先驗理想而不加規定的東西，即原始存在者的神學概念，獲得了意義（在實踐的意圖中，亦即作爲由那個法則所規定的意志的客體之可能性的條件），也就是在一個理知世界中透過在其中實行統治的道德立法使至善的至上原則獲得意義。

但是，我們的知識以這樣的方式就透過純粹實踐理性得到了現實的擴展，而對於思辨理性來說曾是超驗的東西，在實踐理性中就是內在的嗎？當然，但只是在實踐的意圖中。因爲我們雖然由此既沒有對於我們靈魂的本性，也沒有對於理知的世界，更沒有對於最高的存在者，按照它們就自身而言之所是而有所認識，而只是把它們的概念在作爲我們意志的客體的至善這一實踐概念中結合起來了，而且是完全先天地透過純粹理性來結合的，但卻只是借助於道德法則，並且也僅僅與道德法則相關，就它所要求的客體而言才如此。但是，何以哪怕自由也僅僅是可能的，而且人們如何能夠在理論上並積極地表現這個種類的因果性，這卻沒有由此而看出來，而是僅僅透過道德法則並爲了道德法則而公設了有這樣一種因果性存在。別的那些理念的情況亦復如是，永遠沒有任何人類知性按照其可能性來探究它們，但它們不是眞實的概念這一點，也將永遠沒有任何詭辯從哪怕最普通的人的確信中奪走。

七、如何可能設想純粹理性在實踐的意圖中的擴展、卻不同時由此擴展其思辨的知識？

爲了不致過於抽象，我們要馬上在目前這個場合的應用中來回答這個問題——爲了在實踐上擴展一種純粹的知識，必須被先天地給予一個意圖，亦即一個作爲（意志之）客體的目的，這個客體獨立於一切理論的原理，透過一個直接規定意志的（定言的）命令式，被表現爲實踐上必然的，而這在此處就是至善。但是，如果不預設三個理論概念（由於它們只是純粹的理性概念，所以不可能爲它們找到相應的直觀，因而不可能沿著理論的途徑爲它們找到任何客觀實在性），亦即自由、不死和上帝，至善就是不可能的。因此，透過要求在一個世界裡可能的至善有實存的道德法則，純粹思辨理性的那些客體的可能性，以及純粹思辨理性不能向這些客體保證的客觀實在性，就被公設出來了；由此，純粹理性的理論知識當然就獲得了一種增長，但這種增長僅僅在於，那些通常對於純粹理論來說或然的（僅僅可思維的）概念，現在就被實然地解釋爲應現實地把客體歸於它們的概念了，因爲實踐理性爲了

134

自己的、而且是實踐上絕對必要的客體亦即至善的可能性，不可避免地需要它們的實存，而理論理性由此就被授權去預設它們。但是，理論理性的這種擴展並不是思辨的擴展，亦即不是爲了在理論的意圖中從現在起對它作出一種積極的應用。因爲既然在這方面透過實踐理性所提供的無非是：那些概念是實在的，而且現實地擁有自己的（可能的）客體，但同時關於這些客體的直觀卻沒有任何東西被給予我們（這也是不可以要求的），所以，沒有任何綜合命題透過這些概念被承認的實在性而成爲可能。因此，這種開放在思辨的意圖中對我們沒有絲毫幫助，但就純粹理性的實踐應用而言，倒是有助於擴展我們的這種知識。思辨理性的上述三個理念就自身而言還不是什麼知識；但這畢竟是些（超驗的）思想，在它們裡面沒有任何不可能的東西。現在，它們透過一個無可置疑的實踐法則，作爲這個法則要求當作客體的那種東西的可能性的必要條件，獲得了客觀實在性。也就是說，我們透過那個法則得到指示：它們擁有客體，但卻畢竟不能指出它們的概念是如何與一個客體發生關係的，而這也就還不是對這些客體的知識，因爲人們由此根本不可能作出任何綜合的判斷，也不可能對它們的運用在理論上作出規定，因而對它們根本不能做理性的任何理論應用，而理性的一切思辨知識眞正說來就在於這種應用。但儘管如此，雖然不是這些客體的，但卻是一般理性的理論知識卻由此而在下述意義上得到了擴展，即透過這些實踐的公設，畢竟把客體給予了那些理念，因爲一個僅僅或然的思想首先借此獲得了客觀實在性。因此，這並不是關於被給予的超感性對象的知識的擴展，但畢竟是理論理性及其在一般超感性事物方面的知識的擴展，這是就理論理性被迫承認有這樣一些對象而言的，但對於這些對象卻不能作出更詳細的規定，因而不能擴展關於這些客體（它們從現在起就出自實踐的理由，並且也只是爲了實踐的應用而被給予了理性）的知識本身，因此，純粹理論理性必須把上述知識的增長僅僅歸功於它的純粹實踐能力，而對它來說，所有那些理念都是超驗的，都沒有客體。在純粹實踐能力這裡，它們都成爲內在的和建構性的，因爲它們都是使純粹實踐理性的必要客體（至善）成為現實的那種可能性的根據。除此之外，它們就是超驗的，是思辨理性的純然範導性原則，這些原則責成思辨理性的事情，並不是超出經驗之外去假定一個新的客體，而僅僅是使它在經驗中的運用接近完備。但是，一旦理性具有了這種增長，那麼，它作爲思辨理性（眞正說來只是爲了保證它的實踐應用）借助那些理念進行的工作就將是消極的。也就是說，不是在擴展，而是在澄清，以便一方面抵擋作爲迷信之源泉的神人同形同性論，或者透過自以爲的經驗對那些概念所作的表面上的擴展；另一方面抵擋透過超感性的直觀或者諸如此類的感覺應許那種擴展的狂信。這一切都是純粹理性的實踐應用的障礙，因此，對它們的防範當然屬於我們的知識在實踐的意圖中的擴展，而同時承認理性在思辨的意圖中絲毫也沒有因此而有所收穫，這與那種擴展並不矛盾。

對於理性就一個對象而言的任何應用，都要求有純粹的知性概念（範疇），沒有它們，就不能思維任何對象。這些純粹的知性概念只能被運用於理性的理論應用；也就是說，被運用於同時配備有直觀（直觀在任何時候都是感性的）的那種知識，因而僅僅是爲了透過它們來表現可能經驗的一個客體。但現在，理性的這些根本不可能在任何經驗中被給予出來的理念，在這裡卻是我必須透過範疇來思維以便認識的東西。不過，這裡所說的也不是對這些理念的客體的理論知識，而只是說這些理念一般而言具有客體。純粹實踐理性獲得了這種實在性，而在此理論理性所要做的無非是透過範疇僅僅思維那些客體，這正如我們在別的地方已經清楚地指出的那樣，完全可以不需要直觀（無論是感性直觀還是超感性直觀）來進行，因為範疇在獨立於並且先於一切直觀、僅僅作為思維能力的純粹知性中擁有自己的位置和起源，而且它們永遠只意味著一個一般客體，無論它以哪一種方式被給予我們。現在，就範疇應當被運用於那些理念而言，雖然不可能在直觀中給予它們以任何客體，但是，它們畢竟是透過實踐理性在至善的概念中毫無疑問地呈現出來的一個客體，透過為了至善的可能性所要求的那些概念的實在性，而充分地得到保證：這樣一個客體是現實的，從而範疇作為一種純然的思維方式在這裡不是空洞的，而是有意義的，儘管如此，也並不由於這種增長而造成根據理論原理的知識的絲毫擴展。

※　※　※

除此之外，如果透過取自我們自己的本性的那些謂詞來規定上帝、一個理知世界（上帝之國）和不死這些理念的話，那麼，人們就既不可以把這種規定視為那些純粹的理性理念的感性化（神人同形同性論），也不可以把它視爲對超感性的對象的越界知識，因爲這些謂詞無非是知性和意志，確切地說是當它們在道德法則中被思維時在相對關係中這樣看的，因而只是就對它們作一種純粹的實踐應用而言的。在這種情況下，其餘一切在心理學上，亦即就我們對我們的這些能力在它們實施時進行經驗性觀察而言與這些概念有關聯的東西（例如，人的知性是推論性的，因而它的表象是思想而不是直觀，這些表象在時間中前後相繼，人的意志總是帶有滿意對於其對象的實存的一種依賴性，如此等等，而在最高的存在者裡面卻不可能是這樣），就都被抽掉了。這樣，對於我們用來思維一個純粹知性存在者的那些概念，所剩下的就無非是恰恰爲了思維一個道德法則這種可能性所要求的東西了，因而雖然是對上帝的一種知識，但卻是僅僅在實踐的關係中。由此，如果我們試圖把它擴展成爲一種理論知識，我們就將得到一種並不思維但卻直觀的知性，一種指向對象而其滿意絲毫也不依賴對象的實存的意志（我甚至不想提及那些先驗的謂詞，例如實存的某種量，亦即持存，但它並不出現在時間中，而時間是我們把存在表現爲量的唯一對我們來說可能的手段），完全是些我們對之不能形成任何與對象的知識相適合的概念的屬性，我們由此也就得知，它們永遠不能被運用於關於超感性存在者的理論，因而也根本不能夠在這方面建立起一種思辨的知識，而是把自己的應用僅僅限制在道德法則的履踐上。

後面這一點是如此顯而易見，並能夠透過事實得到如此清晰的證明，以至於人們可以大膽放心地要求所有自以爲的自然的對神博學者（一個怪異的名稱④），哪怕只舉出一個（超出純然本體論的謂詞）規定他們的對象的屬性，例如，知性的屬性或者意志的屬性，讓人們不能對之無可爭議地表示，如果從中抽掉一切神人同形同性論的東西，給我們剩下的就是純然的語詞，不能把絲毫的概念與之相結合，藉以可以希望對理論知識有一種擴展。但就實踐的東西而言，從一個知性和意志的那些屬性中畢竟還是給我們留下了一種關係的概念，實踐法則（它恰恰先天地規定了知性與意志的這種關係）使這個概念獲得了客觀實在性。這種情況一旦發生，一個道德上受到規定的意志之客體的概念（至善的概念），以及與它一起這客體的可能性的條件亦即上帝、自由和不死的理念，也都被給予了實在性，但永遠只是在與道德法則的履踐的關係中（不是爲了任何思辨的目的）被給予的。

在作了這些提醒之後，現在也就可以很容易地找到這個重要的問題的答案了：上帝的概念是一個屬於物理學（因而當形而上學只包含物理學在普遍意義上的那些純粹先天原則

138

④ 博學眞正說來只是各種歷史科學的總和，因此，唯有啓示神學的教師才能叫做對神博學者。但是，如果人們也想把那種擁有各種理性科學（數學和哲學）的人稱爲一個博學者，儘管這已經會與詞義（即它在任何時候都僅僅把絕對必須被教給，因而不能透過理性自行發明的東西算做博學）相矛盾，那麼，哲學家就完全可能以自己作爲實證科學的上帝知識給人以太壞的印象，以至於因此不能被稱爲一個博學者。

時，也屬於形而上學）的概念，還是一個屬於道德的概念？對自然安排或者其變化作出解釋，如果人們乞靈於作爲一切事物的創造者的上帝，那麼這至少不是一種物理學的解釋，而到處都是在承認自己的哲學完結了：因爲人們爲了能夠對自己眼前看到的東西形成一個概念，而不得不假定自己對之本來沒有任何概念的東西。但是，透過形而上學從對這個世界的知識出發，憑藉可靠的推論來達到上帝的概念及其實存的證明，這之所以是不可能的，乃是因爲我們必須把這個世界當作最完滿的可能整體來認識，從而爲此目的而必須認識一切可能的世界（以便能夠把它們與這個世界進行比較），從而必須是全知的，以便說這個世界唯有透過一個上帝（就像我們必須思維這個概念那樣）才是可能的。但是，完全從純然的概念出發來認識這個存在者的實存，這是絕對不可能的，因爲任何一個實存命題，亦即關於一個我對之形成一個概念的存在者說它實存著的命題，都是一個綜合命題，也就是這樣一個命題，透過它，我超出那個概念，關於這個存在者說出比在概念中所曾想到的更多的東西，亦即對於這個知性之中的概念來說，還要設定一個知性之外的對象與之相應，而這顯然是透過任何一種推論都不可能得出的。因此，對於理性來說，就只剩下一種方式來達到這種知識了，這就是它作爲純粹理性，從它的純粹實踐應用的至上原則出發（因爲這種應用本來就僅僅指向作爲理性之後果的某物之實存）來規定自己的客體。而在這裡，就不僅僅是在理性不可避免的任務，亦即使意志必然指向至善的任務中顯示出在世界上的這種善的可能性的關係中，假定這樣一個原始存在者的必要性。而且最值得注意的是，還顯示出理性沿著自然道路的進程所完全缺乏的某種東西，即這個原始存在者的一個得到精確規定的概念。既然我們只認識這個世界的一個小部分，更不能把這個世界與一切可能的世界進行比較，所以，我們固然可以從這個世界的秩序、合目的性和巨大而推論出它的一個智慧、善意、強大等的創造者，但卻不能推論出他的全知、全善、全能等。人們也完全可以承認：自己完全有權透過一個可以容許的、完全合理的假說來彌補這個不可避免的缺陷；也就是說，如果在我們較切近的知識所呈現出的如此之多的部分中都凸顯出智慧、善意等，那麼，在其餘所有部分中就也會是這樣，因而把一切可能的完善賦予世界的創造者就是合理的。但是，這並不是我們自以為有所洞識所憑藉的什麼推論，而只是人們能夠遷就我們的一種許可，而這種許可為了能夠得到應用，畢竟還需要其他方面的推薦。因此，上帝的概念沿著經驗性的途徑（物理學的途徑）就依然永遠是關於第一存在者的完善的一個不曾得到精確規定的概念，不能把它視為與一個神祇的概念是相適合的（但憑藉形而上學在其先驗部分中卻根本不可能有任何建樹）。

現在，我試圖把這個概念固定在實踐理性的客體上，在這裡，我發現，道德原理唯有在預設一個具有最高完善性的世界創造者的情況下，才允許這個概念是可能的。這個世界創造者必須是全知的，以便在一切可能的場合和在一切未來都認識我的行為，直到我的意向的最深處；他必須是全能的，以便賦予我的行為以適當的後果；他同樣必須是全在的、永恆的等等。從而，道德法則就透過作為一種純粹實踐理性之對象的至善的概念規定著作為最高存在者的原始存在者的概念，這是理性的物理學進程（並更高地延伸到形而上學進程），因而其全部思辨進程所無法做到的。因此，上帝的概念是一個原初就不屬於物理學的概念，亦即不是對思辨理性來說的概念，而是一個屬於道德的概念，而且對於我們上面已經當作理性在其實踐應用中的公設來對待的其他那些理性概念，人們也都可以說同樣的話。

如果人們在阿那克薩哥拉之前的希臘哲學史中沒有發現一種純粹的理性神學的任何清晰的痕跡，那麼，原因並不在於這些較早的哲學家們缺乏知性和洞識，以至於不能透過思辨的途徑至少借助一種完全合理的假說來把自己提高到這一點；有什麼能夠比自行呈現給每個人的思想，即不假定不同的世界原因的不確定的完善程度，而是假定一個具有一切完善性的唯一理性的世界原因，要更爲容易和更爲自然呢？但是，世界上的災禍似乎對他們來說是許多太重要的異議，以至於不能認爲有權利作出這樣一種假說，因而他們在這一點上表現出來的恰恰是知性和洞識，即他們並不冒昧地作出那種假說，反而在自然原因中去四處尋找，看自己是否能夠在這些原因中遇到原始存在者所要求的那種性狀和能力。但是，當這個思想敏銳的民族在探究中走過如此之遠，甚至對其他民族從來也沒有超出過空泛議論的那些道德對象也作了哲學上的探討之後，他們這時才第一次發現了一種新的需要，即一種實踐的需要，這種需要不會不給他們確定地指明原始存在者的概念，而此時思辨理性卻袖手旁觀，至多還有這樣的功勞，即對一個不是在自己的地基上成長起來的概念加以修飾，並且用現在才出現的一系列出自自然觀察的證實，來與其說是提高這個概念的聲望（這聲望已經確立起來了），倒不如說只是用自以爲的理論上的理性洞識大講排場。

※　※　※

從這些提醒中，純粹思辨理性批判的讀者將完全確信，那個費力的範疇演繹對於神學和道德而言是如何極其必要、如何有益了。因爲唯有透過這種演繹才能防止，當人們把這些範疇設定在純粹知性中時與柏拉圖一起把它們看做天生的，並在這上面用人們無法預見其結局的超感性事物的理論建立起越界的僭妄，卻由此使神學成爲充滿幻影的魔燈；而當人們把這些範疇視爲獲得的時，則防止人們與伊比鳩魯一起把它們所有的和每一種應用，甚至是實踐的意圖中的應用，都僅僅限制在感官的對象和規定根據之上。但現在，批判在那個演繹中證明了，第一，這些範疇並沒有經驗性的起源，而是先天地在純粹知性中有自己的位置和來源；還有第二，既然它們不依賴於對象的直觀而與一般對象發生關係，它們雖然唯有在運用於透過純粹實踐理性而被給予的對象時也充當對超感性的東西的確定的思維，但卻僅僅是就這種超感性的東西只是透過這樣一些必然屬於純粹的、被先天地給予的實踐意圖及其可能性的謂詞來規定而言的。對純粹理性在思辨上的限制和對它在實踐上的擴展就第一次把純粹理性帶入了一般理性在其中可以得到合目的的運用的平等關係之中，而這個例子就比別的例子更好地證明，透過智慧的道路如果應當是可靠的而不是不可通行的或者引入歧途的，那麼，它在我們人這裡就不可避免地必須經過科學，但人們唯有在這科學完成之後，才能夠確信它是導向那個目標的。

八、出自純粹理性的一種需要的視之為真

純粹理性在其思辨應用中的一種需要僅僅導向假說，但純粹實踐理性的需要卻導向公設；因爲在前一種場合，我從派生的東西出發在根據的序列中上升到如我所願的高度，並且需要一個原始根據，不是爲了給予那種派生的東西（例如，世界上的事物和變化的因果結合）以客觀實在性，而只是爲了就派生的東西而言完全滿足我的研究的理性。這樣，我就在我面前的自然中看到了秩序和合目的性，而且並不爲了確信它們的現實性而需要著手去進行思辨，而只是爲了解釋它們而需要預設一個神祇來作爲它們的原因；這樣，由於從一個結果向一個確定的原因，尤其是像我們必須想到上帝時那樣嚴格完全地確定的原因所作的推論永遠是不可靠的和困難的，所以，這樣一個預設就不能超過對我們人來說最合理的意見的程度⑤。與此相反，純粹實踐理性的一種需要乃是基於一種義務的，即是使某種東西（至善）

⑤ 但即便在這裡，倘若不是有一個或然的，但畢竟不可避免的理性概念，即一個絕對必然的存在者的概念擺在我們眼前的話，我們也就不可能藉口理性有一種需要了。現在要使這個概念得到規定，而這一點，在對此加

成爲我的意志的對象，以便盡我的一切力量去促成它；但我在這裡必須預設它的可能性，從而也預設這種可能性的條件，亦即上帝、自由和不死，因爲我透過我的思辨理性不能證明它們，儘管也不能反駁它們。這個義務建立在一個當然完全不依賴於後面這些預設的、獨自就是無可置疑地確定的法則，亦即道德法則之上，因而就此來說並不需要透過關於事物的內部性狀、世界秩序、或者一個主管世界秩序的統治者的隱祕目的的理論意見來獲得其他方面的支持，以便約束我們最完善地作出無條件地合乎法則的行動。但是，這個法則的主觀效果，即與它相適合並且透過它也是必然的那個促成實踐上可能的至善的意向，畢竟至少預設這種至善是可能的，否則的話，竭力追求一個其實空洞和沒有客體的概念的客體，就會是實踐上不可能的。現在，上述公設僅僅涉及至善之可能性的那些物理學的或者形而上學的、一言以蔽之處於事物的本性之中的條件，但不是爲了一個隨意的思辨意圖，而是爲了純粹的理性意志的一個實踐上必然的目的，純粹的理性意志在這裡並不選擇，而是服從一個嚴謹的理性命令，這個命令客觀上在事物的性狀中有其根據，只要事物必須由純粹理性來進行普遍的

以擴展的衝動出現時，就是思辨理性的一種需要的客觀根據，即對應當用做其他存在者的原始根據的一個必然存在者的概念進一步作出規定，因而使這個存在者成爲可識別的。沒有這樣一些先行的必要問題，也就沒有任何需要，至少是沒有任何純粹理性的需要，其餘的就都是偏好的需要了。

判斷，而且這個命令絕不是建立在偏好之上的，偏好爲了我們出自純然主觀的根據而期望的東西，絕對沒有權利馬上就假定達到這種東西的手段是可能的，或者甚至假定這對象是現實的。因此，這是一個在絕對必然的意圖中的需要，它並不是把自己的預設僅僅當作允許的假說，而且是當作實踐意圖中的公設來辯解；而且如果承認道德法則作爲命令（而不是作爲明智規則）嚴謹地約束著每一個人，正直的人就完全可以說：我願意有一個上帝，我在這個世界中的存在，也要在自然連結之外還是一個純粹的知性世界中的存在，最後還有我的持存要是無限的，我堅持這些並且非要有這種信仰不可，因爲這是唯一的東西，在其中由於我絲毫不可以忽視我的興趣，我的興趣就不可避免地規定著我的判斷，而不去注意一些玄想，哪怕我對這些玄想可能會多麼難以回答，或者多麼難以做到以更加虛假的玄想去對抗它們⑥。

⑥ 在一七八七年二月號的《德意志博物館》上，有一篇論文出自一位非常敏銳和清醒的人物，即可惜早逝的魏岑曼。他在其中否認有從需要推論到該需要的對象的客觀實在性的許可權，並用一個熱戀者的例子來闡明他的觀點，這個熱戀者由於迷戀於本來只是他的幻影的美的理念，就想推論這樣一個客體是現實地在某個地方實存著的。在需要基於偏好的一切場合裡，我承認他在這一點上是完全有道理的，偏好就連對受到其誘惑的人也不是必然能夠公設其客體的實存的，更不用說包含對每一個人都有效的要求了，因而是種種期望的一個主觀的根據。但在這裡，需要是一種產生自意志的一個客觀的規定根據的，亦即產生自道德法則的理性需要，道德法則必然地約束著每一個有理性的存在者，因而先天地有權利預設自然中與它相適合的條件，並使

※ ※ ※

爲了在使用像一種純粹的實踐的理性信念這樣一個還是如此不習慣的概念時防止誤解，請允許我再附上一個說明。事情應當看起來差不多是，好像這個理性信念在這裡甚至被宣布爲命令，即把至善假定爲可能的。但是，一種被命令的信念是一件荒唐無稽的事情。不過，人們可以回憶一下上面對於被要求在至善的概念中假定的東西所作的辨析，人們將注意到，假定這種可能性，這是根本不可以被命令的，它也不要求有承認這種可能性的任何實踐意向；相反地，思辨理性無須申請就必須承認這種可能性，因爲畢竟不可能有任何人願意主張，世界上的有理性存在者與道德法則相適合的配享幸福，與對這種幸福的一種與上述配享成正比的占有相結合，本身是不可能的。現在，就至善的前一部分，即涉及道德的東西而言，道德法則僅僅給予我們一個命令，而懷疑那個組成部分的可能性，也就等於對道德法則本身提出質疑。但就那個客體的第二部分，亦即與那個資格完全適合的幸福而言，雖然一般

144

得這些條件與理性的完全的實踐應用不可分割。義務就是盡我們最大的能力使至善成爲現實，因此，至善畢竟也必須是可能的。所以，對於世界上的每一個有理性的存在者來說，預設對至善的客觀可能性來說必要的東西，這也是不可避免的。這個預設與道德法則一樣是必要的，它也唯有與道德法則相關才是有效的。

來說承認幸福的可能性根本不需要一個命令，因爲理論理性自身絲毫不反對這一點：只是我們應當如何設想自然法則與自由法則的這樣一種和諧的方式，本身卻具有要由我們作出一種選擇的某種東西，因爲理論理性對此不能以無可置疑的確定性作出任何決定，而就這種確定性而言，可以有一種道德的興趣來起決定性的作用。

我在上面曾經說過，按照世界上的一種純然的自然進程，精確地與道德價值相適合的幸福是不可指望的，必須被視爲不可能的，因此，至善的可能性從這方面唯有在預設一個道德的世界創造者的情況下才能被承認。我曾有意地克制著不把這個判斷限制在我們理性的**主觀**條件之上，以便唯有在應當對理性的視之爲眞的方式作出進一步的規定時才使用這種限制。實際上，上述不可能性**僅僅是主觀**的，也就是說，我們的理性發現它不可能使自己根據一個純然的自然進程來理解兩種按照如此不同的法則而發生的世界事件之間，如此精確地適合並完全合目的的聯繫，儘管就像在所有通常在自然中是合目的的東西那裡一樣，理性畢竟也不能根據普遍的自然法則來證明，亦即出自客觀的理由來充分闡明這種聯繫的不可能性。

不過，現在有一種不同類型的決定根據加入了遊戲，要在思辨理性動搖不定時起決定性的作用。促成至善這個命令在客觀上（在實踐理性中）是有根據的，至善的一般可能性同樣在客觀上（在對此不加絲毫反對的理論理性中）是有根據的。然而，我們應當如何表現這種可能性的方式，是按照普遍的自然法則而無須一個主管自然的智慧創造者，還是僅僅在預設這個創造者的情況下來表現，這是理性不能客觀地決定的。現在，這裡出現了理性的一種主觀的條件：唯一在理論上對理性可能的、同時對道德性（它是服從理性的一個客觀的法則的）只有益處的方式，即把自然王國與道德王國的精確一致設想爲至善的可能性的條件。現在，既然促成至善，因而預設它的可能性在客觀上（但僅僅按照實踐理性來說）是必要的，但同時我們要怎樣把至善設想爲可能的那種方式卻是由我們選擇的，但在這種選擇中，純粹實踐理性的一種自由的興趣卻決定要假定一個智慧的世界創造者，所以，在這裡規定我們的判斷的那個原則雖然作爲需要是主觀的，但同時作爲客觀上（實踐上）必要的東西的促成手段，卻也是在道德意圖中視之爲眞的一條準則的根據，亦即是一種純粹的實踐的理性信念。因此，這種信念不是被命令的，而是作爲對我們的判斷的自願的、有益於道德的（被命令的）意圖的，此外還與理性的理論需要一致的規定，即預設那種實存。此外把那種實存作爲理性應用的基礎，其本身是產生自道德意向的，因此，即便在有良好意向的人那裡，它也經常可能有時動搖不定、但卻永遠不會陷入無信念。

146

九、人的認識能力與人的實踐規定明智地相適合的比例

如果人的本性注定要追求至善，那麼，他的各種認識能力的程度，尤其是這些認識能力彼此之間的比例關係，也必須被假定爲是適合於這一目的的。但現在，對純粹思辨理性的批

判證明理性有極大的不足，不能與這個目的相適合地解決提交給它的最重要的任務，儘管這個批判也沒有低估這同一個理性的自然的和不可忽視的提示，同樣也沒有低估它爲了接近這個給它標出的偉大目標而能夠邁出的巨大步伐，但它畢竟不能單憑自己在某個時候達到這個目標，甚至借助於最大的自然知識也不行。因此，自然在這裡顯得只是繼母般地爲我們提供了達到我們的目的所必須的能力。

現在，假如自然在這裡順從了我們的願望，賦予了我們這樣一種我們樂意具有，或者一些人乾脆誤以爲自己已經現實地具有的洞識能力或者光照，那麼，從一切跡象來看這會有什麼樣的後果呢？只要我們的全部本性沒有同時得到改變，那麼，畢竟總是第一個發言的偏好就會首先要求自己的滿足，而且與理性的考慮相結合，就會以幸福的名義要求自己最大可能的和持久的滿足；道德法則在此之後會說話，爲的是把那些偏好保持在與它們相稱的限制之中，甚至使它們全都服從一個更高的、不考慮任何偏好的目的。但是，不是現在道德意向必須與偏好進行的那場幾經失敗之後畢竟可以在其中贏得靈魂的道德力量的爭鬥，而會是上帝和永恆以其可怕的威嚴持續不斷地處於我們眼前（因爲我們完全能夠證明的東西，就確定性而言，對我們來說是等於我們因親眼目睹而確信的東西的）。對法則的違反當然會被避免，被命令的東西會被執行；但由於行動應當從中發生的那種意向不可能透過任何命令一起灌輸進來，對活動的刺激在這裡卻是立刻就在手邊的，並且是外部的，因此，理性不可以首先努力向上，以便透過法則之尊嚴的活生生的表象來聚集抵抗偏好的力量，那樣的話，絕大多數合乎法則的行動的發生就會是出自恐懼，只有少數會出自希望，而根本沒有一個會出自義務了，但這些行動的道德價值也就會蕩然無存了，而人格的價值，甚至世界的價值在最高智慧的眼中卻畢竟僅僅取決於這種道德價值。因此，只要人們的本性還保持像它現在這樣，那麼，人們的行爲就將會變成一種純然的機械作用，其中就像是在木偶戲中一樣一切都姿勢對路，但在人物形象中卻不會看到任何生命。現在，既然在我們這裡完全是另一種情況，既然我們憑藉我們的理性的一切努力，對未來也只有一種極爲模糊不清的眺望，世界的統治者只讓我們猜測、而不是看到或者清晰地證明他的存在及其壯麗；與此相反，我們心中的道德法則並不向我們肯定地有所應許或者有所威脅，而是要求我們無私的敬重。但除此之外，當這種敬重成爲主動的和占統治地位的時，它在這種情況下並僅僅由此才允許眺望超感性事物的王國，但也只是以微弱的目光眺望。所以，眞正的道德的、直接被奉獻給法則的意向是能夠發生的，有理性的造物是能夠配得上與他的人格的道德價值相適合、而不是僅僅與他的行動相適合的至善份額的。因此，即便在這裡，對自然和人的研究通常充分地教給我們的東西，即我們藉以實存的那個不可探究的智慧，在它拒絕給予我們的東西中比在它讓我們分享的東西中並不更少值得崇敬，也可以由此而是很正確的。

第二篇 純粹實踐理性的方法論

人們不能把純粹實踐理性的方法論理解爲（無論是在反思中還是在陳述中）就其科學知 151
識而言對待純粹實踐原理的方式，這種知識，人們通常本來只在理論的東西中才稱爲方法
（因爲通俗的知識需要一種風格，但科學卻需要一種方法；也就是說，需要一種按照理性的
原則的方式，一種知識的雜多唯有借助這種方式才能成爲一個體系）。毋寧說，這種方法論
被理解爲人們如何能夠使純粹實踐理性的法則進入人的心靈並影響其準則，亦即使客觀的實
踐理性也在主觀上成爲實踐的那種方式。

現在雖然很清楚，意志的那些唯一使準則眞正成爲道德的並賦予它們以一種道德價值的
規定根據，法則的直接表象和作爲義務的對法則的客觀必然的遵守，都必須被表現爲行動的
眞正動機，因爲若不然，雖然會造就出行動的合法性，但卻造就不出意向的道德性。但不是
那麼清楚的、毋寧說初看起來必定對每個人來說都顯得難以置信的是，對純粹德性的那種描
述即便在主觀上，也能夠比由娛樂和一般而言人們可以歸爲幸福的一切東西的哄騙所可能造 152
成的一切誘惑，或者還有由痛苦和災禍某個時候所可能造成的一切威脅，都對人的心靈擁有
更多的力量，並能夠提供一種強有力得多的動機去自己造就行動的那種合法性，產生出一些
更有力的、出自對法則的敬重把法則置於任何別的考慮之前的決斷。儘管如此，事情確實就
是這樣，而且假如人的本性不是這種性狀，那麼，也就不會有法則的任何表現方式在某個時
候轉彎抹角地以勸說的手段來產生意向的道德性了。一切都會是全然的僞善；法則會遭到憎
恨、乃至於輕視，但爲了自己的好處仍然得到遵守。法則的字句（合法性）將會能夠在我們

的行動中找到，但法則的精神卻在我們的意向中根本找不到，而既然我們用盡了自己的一切努力，也畢竟在我們的判斷中不能完全擺脫理性，所以，我們會不可避免地必定在我們自己的眼中顯得是毫無價值的、卑鄙的人，即使我們試圖以如下方式來補償在內心的法庭面前受到的屈辱，即我們借助娛樂來使自己輕鬆愉快，按照我們的妄念，有一個我們所假定的自然的或者屬神的法則把這些娛樂與它們的員警機器結合在一起，這員警僅僅關注人們所做之事，對於人們爲什麼做這件事卻不關心。

雖然人們不能否認，爲了把一個或者尙無教養或者粗野化了的心靈首次帶到道德上的善的軌道上來，需要一些準備性的指導，透過他自己的好處來引誘這心靈，或者透過害處來恐嚇它；然而，一旦這種機制、這個襻帶起到了一些作用，純粹的道德動因就絕對必須被帶給靈魂，這動因不僅由於它是唯一建立起一種性格（按照不變的準則的實踐上一以貫之的思維方式）的動因，而且也由於它教人感到他自己的尊嚴，而給心靈提供了一種對它自己來說出乎意料的力量，從一切想要占據統治地位的感性依賴性中掙脫出來，並在他的理知本性的獨立性和他發現自己被規定要達到的崇高思想中，爲他所奉獻的犧牲找到豐厚的補償。因此，我們要透過任何一個人都能夠進行的觀察，把我們心靈的這種屬性，把對一個純粹的道德興趣的這種感受性，因而把純粹的德性表象的這種推動力，在它被恰如其分地帶給人心的時候證明爲最強有力的向善動機，在對道德準則的遵守中，關鍵在於持久性和嚴格性的時候證明爲唯一的向善動機；此際必須同時記住，如果這些觀察只是證明了這樣一種情感的現實性，卻沒有證明由此而完成的道德改善，那麼，這並不會對僅僅透過義務的純粹表象就使純粹理性的客觀上實踐的法則成爲主觀上實踐的那個唯一的方法造成任何損害，就好像這方法是一種空洞的幻想似的。因爲既然這種方法還不曾被實行過，所以，就連經驗也還不能關於它的成果展示出任何東西；相反地，人們只能要求有對這樣一些動機的感受性的證據，我現在想簡明扼要地展示這些證據，然後再稍微勾畫一下建立和培養眞正的道德意向的方法。

如果注意一下不僅由學者和玄想家、而且也由商人和家庭婦女組成的那些混雜的社交聚會的交談進程，那麼，人們就會發現，除了講故事和戲謔之外，還有閒聊亦即閒談在其中也占有一席之地，因爲講故事如果應當本身帶有新奇同時有趣味的話，很快就會耗盡，而戲謔則很容易走味。在所有的閒談中，沒有什麼比關於應當用來確定某個人的性格的這個或者那個行動的道德價値的閒談，更多地激起那些通常在所有的玄想中很快會感到無聊的人們的參與，並把某種生氣帶入社交聚會了。那些通常對理論問題中的一切玄妙的和苦思冥想的東西都感到枯燥和傷腦筋的人，當事情取決於確定一個被講述的好行動或者壞行動的道德內涵時，馬上就會參加進來，並且像人們在任何思辨客體那裡都不可能期待於他們的那樣精細、那樣苦思冥想、那樣玄妙地，把一切能夠使意圖的純潔性和意圖中的德性的程度減低，或者哪怕只是使其變得可疑的東西都想出來。人們在這些評判中經常看到對別人作判斷的人士自己的性格閃現出來，他們中的一些人在他們主要對已死之人行使法官職務時，顯得特別傾向於爲關於這些人的這個或者那個行爲所講述出來的善作辯護，以反駁一切不正派的傷害性非議，最終爲人格的全部道德價值辯護，以反駁虛僞和陰毒的指責；與此相反，另一些人更多盤算的是控告和譴責，不承認這種價值。但人們畢竟不能總是賦予後一種人以如下意圖，即想透過玄想從人類的一切榜樣中完全去除德性，以便由此使德性成爲一個空洞的名稱；相反地，這常常只不過是在按照一個毫不容情的法則來規定眞正的道德內涵時的善意嚴格罷了，與這個法則作比較，而不是與榜樣做比較，道德事務上的自大就大爲降低，而謙恭絕不純然是教出來的，而是在嚴厲的自我拷問中被每個人所感到的。儘管如此，人們還是常常能夠從爲被給予的榜樣的意圖的純潔性做辯護的人那裡看出，在他們對正直有自己的猜想時，他們也樂意爲這些榜樣擦去最微小的汙點，其動因乃是爲了當一切榜樣都被懷疑其眞實性、一切人類德性都被否認其純潔性時，德性不會最終被完全視爲一種純然的幻影，從而趨向德性的一切努力都被當作虛榮的做作和騙人的自大而遭到蔑視。

我不知道，爲什麼青年的教育者們沒有早就已經利用理性很樂意在被提出來的實踐問題本身中作出審查這種傾向，而且在他們把一種純然道德的教義問答作爲基礎之後，卻不懷著這種意圖搜遍古代和近代的人物傳記，以便手中握有所提出的那些義務的憑據，根據這些憑據，他們尤其是透過對不同情況下的類似行動進行比較，而使他們的學生的評判運作起來，以便覺察這些行動的較小或者較大的道德內涵，他們將在這裡發現，甚至本來對任何思辨都還不成熟的少年，馬上就變得很敏銳，並由於感到自己的判斷力的進步而對此產生不小的興趣。但最重要的是，他們能夠有把握地希望，經常練習在其全部純潔性中去認識和贊許正派的行爲，與此相反則惋惜或者輕蔑地去覺察對這種純潔性的哪怕最小的偏離，即便這直到此時還僅僅是作爲小孩子們能夠在其中相互比賽的判斷力遊戲來進行的，但卻會留下在一方面作出高度評價並在另一方面表示憎惡的一種持久的印象，它們僅僅透過把這些行動經常地看做值得贊許的或者值得譴責的這種習慣，就會爲未來的生活方式中的正直構成一個良好的基礎。只不過，我希望別用我們那些多愁善感的作品如此濫用的所謂高尚的（過譽的）行動的榜樣來打擾這種練習，並把一切都轉移到義務和一個人在他自己眼中透過沒有違背義務的意識而能夠和必須給予自己的價值上，因爲凡是導致對高不可攀的完善性的空洞期望和渴求的東西，所產生的全然是小說中的人物，這些人物由於自己對這種誇張的偉大而自鳴得意，爲此就宣布自己可以不遵守平常的和通行的職責，這種職責在這種情況下對他們來說顯得微不足道地渺小①。

① 讚揚那些從中輻射出偉大的、無私的、關切的意向和人性的行動，這是完全可取的。但是，人們在這裡必須注意的，與其說是靈魂的提升，倒不如說是對義務的由衷的服從，前者是轉瞬即逝的和暫時的，對後者卻可以期待有一個更長久的印象，因爲它帶有原理（但前者卻僅僅帶有激動）。人們只要稍作一點反思，就總是會發現他以某種方式就人類而言所承擔的一種債務（哪怕只是這樣一種債務，即有人透過公民狀態中人們的不平等而享受好處，爲此緣故，別的人就必然更加匱乏），以免透過值得讚揚這種虛榮的自負來排擠義務的思想。

155

但如果有人問，眞正說來究竟什麼是人們必須當作試金石來檢驗任何行動的道德內涵的純粹道德，那麼，我就必須承認，唯有哲學家才能夠使這個問題的裁斷成爲可疑的，因爲在平常的人類理性中，這個問題雖然不是透過抽象的普遍公式，但卻透過日常的應用而彷彿是左手和右手之間的區別那樣早已得到裁斷了。因此，我們要首先用一個例子來指出純粹德性的檢驗標誌，並且透過我們設想它例如被交給一個十歲的小男孩去評判，來看一看他是否無須由老師來指導，自己也必定這樣來判斷。且講一個正派人的故事，有人想鼓動他加入一個無辜的、此外沒有任何權能的人（例如被英國的亨利八世控告的安妮・博林）的誹謗者的行列。人們提供出好處，亦即重禮或者高位，他都予以拒絕。這在聽眾的心中將引起的全然是贊許和認同，因爲那是好處。現在人們開始以損失相威脅。在這些誹謗者中有他的一些最好的朋友，他們現在聲稱與他絕交，有他的一些近親，他們威脅要剝奪他的繼承權（他沒有財產），有一些權貴，他們能夠在任何地點和任何情況下迫害他和羞辱他，有一位君王，他威脅他將失去自己的自由乃至生命。但是，爲了讓他也感受到唯有道德上善良的心才能相當眞切地感受到的那種痛苦，以便苦難忍無可忍，人們可以設想他的受到極度的困苦和匱乏威脅的家庭懇求他順從，他自己雖然正直，但畢竟對於同情和對於自己的困苦並不具有堅定的、無動於衷的感官，在他期望自己永遠不過那種使他遭受一種如此難以言說的痛苦的日子的時刻，他卻依然忠於自己的正直的決心，毫不動搖或者哪怕是懷疑：於是，我這位年輕的聽眾就將逐步地被從純然的認同提升到驚讚，從驚讚提升到驚奇，最後一直提升到極大的崇敬，提升到自己能夠成爲這樣一個人（儘管當然不是在他那種情況下）的強烈願望；而在這裡，德性之所以仍然具有如此之多的價值，只是因爲它付出了如此之多，而不是因爲它帶來了某種東西。整個驚讚，甚至要與這種性格相似的努力，在這裡都完全基於道德原理的純粹性，這種純粹性唯有透過把人們只要能夠歸給幸福的一切都從行動的動機中除去，才能夠被相當引人注目地表現出來。因此，道德越是被純粹地展現出來，就越是必定對於人心有更多的力量。由此得出，如果道德法則和聖潔與德性的形象到處都應當對我們的靈魂施加一些影響的話，那麼，道德能夠施加這種影響，只是就它不混雜對自己的福祉的意圖，純粹地作爲動機得到細心照料而言的，因爲它在苦難中才最莊嚴地表現出來。但是，其被清除將加強一種推動力的作用的東西，必定曾是一個障礙。所以，從自己的幸福取得的動機的任何混雜，都對道德法則獲得對人心的影響是一個障礙。此外我主張，甚至在那種受到驚讚的行動中，如果該行動由以發生的動因是對自己的義務的尊重，那麼，正是這種對法則的敬重，而絕不是對慷慨大度和高尚可嘉的思維方式的那種內心意見的要求，恰恰會對觀眾的心靈擁有極大的力量，所以是義務，而不是功德，才必定對心靈有不僅最確定的影響，而且如果它在自己的不可侵犯性的正當光輝中被表現出來，也必定對心靈有最具滲透力的影響。

在我們的時代，比起透過義務那與人類的不完善和在善中的進步相適應的枯燥嚴肅的表象來，人們更希望借助於溫存的、心腸軟的情感或者雄心勃勃的、頭腦膨脹的、與其說使人心強健倒不如說使人心萎縮的僭妄，來對心靈產生更多的效果，在這樣的時代對這種方法予以提示，就比任何時候都更爲必要了。爲兒童們樹立一些行動，作爲高尙的、慷慨的和可嘉的行動使之成爲典範，以爲透過灌輸某種熱忱就可以引起他們對這些行動的好感，這完全是違背目的的。因爲既然他們在遵守最平常的義務上，甚至在正確地評判這些義務上還如此遠遠滯後，那麼，這就等於要使他們及時地成爲幻想家。但即便是在更有學問、更有經驗的那部分人那裡，這種臆想的動機對人心如果不是具有有害的作用的話，至少也不具有任何眞正的道德作用，而人們本來卻是想借此達成這種作用的。

一切情感，尤其是應當造成如此非同尋常的努力的情感，都必須在它們正猛烈的時刻而且在衰退之前發揮它們的作用，若不然，它們就做不出任何事情；因爲人心將自然而然地退回到它的自然的、適度的生命運動，然後沉入到它此前特有的疲憊中去，因爲被帶給它的雖然是某種刺激它的東西，但卻絕不是使它精力充沛的東西。原理必須被建立在概念上，在一切別的基礎上都只能形成一些心血來潮，它們不能使人格獲得任何道德價値，甚至也不能獲得對自己本身的信心，而沒有這種信心，對自己的道德意向和這樣一種性格的意識，即人裡面的至善，就根本不可能發生。現在，這些概念如果應當成爲主觀上實踐的，就必須不再停留在道德的客觀法則那裡，以便驚讚並在與人性的關係中尊重這些法則，而是必須在與人和與人的個體的關係中來考察它們的表象；因爲那個法則顯現在一個雖然極其値得敬重，但卻不那麼討人喜歡的形象中，並不是好像屬於他自然而然地習慣了的要素似的，反而是像要迫使他經常不是沒有自我克制地放棄這一要素，而投身於一個更高的要素，在其中他唯有懷著對退步的不斷憂慮才能費力地維持下去。一言以蔽之，道德法則要求出自義務，而不是出自偏愛來遵守，人們根本不能也不應當把偏愛當作前提條件。

現在，讓我們在一個例子中看一看，在把一個行動表現爲高尚的和慷慨的行動時，比起這個行動在與嚴肅的道德法則的關係中僅僅被表現爲義務時，是否有一種動機的更多主觀上的推動力。某人冒著極大的生命危險力圖從沉船中救人，如果他最終在做這件事時喪失了自己的生命，那麼，這行動雖然一方面被算做義務，但另一方面，而且絕大多數情況下也被算做可嘉的行動，然而，我們對這個行動的尊重就由於在這裡顯得受到某種損害的對自己的義務的概念而受到很大削弱。更具決定性的是爲保衛祖國而慷慨捐軀，然而，自行地、不等命令就獻身於這種意圖，這是否也是如此完善的義務，對此卻留有一些疑慮，而且該行動自身並不具有一個典範和推動人去仿效的全部力量。但如果這是不可免除的義務，對它的違反就自身而言並且不考慮人類的福祉就損害了道德法則，彷彿是踐踏了道德法則的神聖性（這類義務人們通常稱爲對上帝的義務，因爲我們在上帝裡面所想的是實體中的神聖性的理想），那麼，對於犧牲一切只會永遠對我們的所有偏好中最深切的偏好具有價值的東西來遵守道德法則，我們就獻上最完善不過的敬重，而且如果我們憑藉這樣一個例子能夠確信，人的本性有能力超越自然只會永遠在相反的動機上具有的一切而達到一個如此大的高度，那麼，我們就發現自己的靈魂透過這樣一個例子得到了加強和提升。尤維納利斯在一種使讀者鮮明地感受到在義務之爲義務的純粹法則中所蘊涵的動機之力量的強調中，表現了這樣一個例子：

Esto bonus miles, tutor bonus, arbiter idem
Integer; ambiguae si quando citabere testis
Incertaeque rei, Phalaris licet imperet, ut sis
Falsus, et admoto dicet periuria tauro,
Summum crede nefas animam praeferre pudori
Et propter vitam vivendi perdere causas.

〔要做一個好士兵，做一個好監護人，做仲裁者同樣要
不偏不倚；一旦你被召來做證人
以決疑案，即使法拉里斯命令你
說假話，並拖來銅牛向你口授僞證，
你也深信罪孽就是捨榮譽而求生，
以及爲活命而敗壞生存的理由。〕②

---

② 《諷刺詩集》，III，八，七十九—八十四；康德在《純然理性界限內的宗教》（《康德全集》，第VI卷，

如果我們可以把任何一種討人喜歡的東西從可嘉的東西中帶入我們的行動，那麼，動機就已經與自重有所混淆了，因而就從感性方面獲得了一些贊助。但唯有把一切都置於義務的神聖性的後面，並意識到人們能夠這樣做，乃是因爲我們自己的理性承認這是它的命令，並且宣布人們應當這樣做，這才叫做彷彿把自己完全提升到感官世界之上，而且在對法則的這同一種意識中也作爲一種控制感性的能力的動機而與效果不可分割地相結合，儘管並不總是相結合，但透過經常關注這動機並對其應用作最初較小的嘗試，效果畢竟也給自己的造就提供希望，以便在我們心中逐漸地產生對這動機的最大的，但卻是純粹的道德興趣。

因此，這種方法採取如下的進程。首先，事情所涉及的僅僅是，使按照道德法則作出評判成爲一件自然的，既伴隨著我們自己的自由行動，也伴隨著對他人的自由行動的觀察的工作，並使之彷彿成爲習慣，並透過人們首先追問行動是否客觀上符合道德法則以及符合哪種道德法則，來磨礪這種評判。此際，人們把對僅僅給約束力提供一個根據的法則的注意與事實上本身就有約束力的法則（leges obligandi a legibus obligantibus〔作出約束的法

四十九頁。〔參見李秋零主編：《康德著作全集》，第六卷，五十頁，北京，中國人民大學出版社，二〇〇七。——譯者注〕）和《道德形而上學》（《康德全集》，第VI卷，三三四頁。〔參見《康德著作全集》，第六卷，三四五頁。——譯者注〕）中也曾同樣引用。——科學院版編者注

則與被約束的法則〕）區別開來（例如，人們的需要所要求我的那種東西的法則，與人們的權利所要求我的那種東西的法則相對立，其中後者指定的是本質性的義務，前者指定的則是非本質性的義務），並教人把彙集在一個行動中的不同義務區別開來。注意力應當指向的另一點，是如下問題：行動是否也是（在主觀上）為了道德法則而發生的，因而它不僅僅擁有作爲行爲的道德正確性，而且也擁有作爲意向、按照準則的道德價値。現在毫無疑問地，這種練習和由此產生的培養我們僅僅對實踐事務作出判斷的理性的意識，必定會逐漸地產生甚至對理性的法則，因而對道德上善的行動的某種興趣。因爲我們最終將慢慢喜歡上這樣一種東西，對它的考察使我們感到我們認識能力的擴展了的應用，而尤其促成這種應用的是我們在其中發現道德正確性的東西，因爲理性唯有在事物的這樣一種秩序中，才能很好地適應自己先天地按照原則來規定什麼事情應當發生的那種能力。然而，一個自然觀察者最終會慢慢喜歡上起初令他的感官反感的對象，如果他在這些對象上揭示出它們的組織的重大合目的性，並如此使他的理性在觀察這些對象方面得到享受的話，而萊布尼茨則愛惜地把他用顯微鏡仔細觀察過的一隻昆蟲重新放回牠的葉子上，因爲他認爲自己透過觀看獲得了教益，彷彿是從牠身上享受了一件善行。

但是，判斷力的這種讓我們感覺到我們自己的認識能力的工作，還不是對行動及其道德性本身的興趣。這種工作只是使得人們樂意以這樣一種評判來消遣，並給予德性和按照道德法則的思維方式以一種美的形式，這種形式令人驚讚，但還並不因此而被人尋求（laudatur et alget〔他受到讚揚卻感到發冷〕③）；就像所有那些東西一樣，我們對它們的觀察在主觀上造就了對我們的各種表象能力的和諧的意識，而且在它們那裡我們感覺到我們的全部認識能力（知性和想像力）都得到了加強，它們就產生出一種也能傳達給別人的愉悅，此時，客體的實存仍對我們來說是無所謂的，因爲它只被視爲覺察到我們心中那些才能的超出動物性之上的稟賦的誘因。但現在，第二種練習開始了自己的工作，亦即在借助例子生動地展示道德意向時使人注意到意志的純潔性，首先只是作爲意志的消極的完善性，是就一個出自義務的行動中根本沒有任何偏好的動機作爲規定根據對意志發生影響而言的；但這畢竟使初學者對自己的自由的意識保持注意，並且雖然這種放棄激起了最初的痛苦感覺，但卻由於它使那個初學者擺脫了甚至眞實的需要的強制，同時也就向他通報了對所有這些需要把他糾纏在其中的各種各樣不滿意的一種解放，並使心靈對於來自其他源泉的滿意感也易於接受。如果在相關例子已被擺出來的那些純粹道德決定上，給人揭示出一種內部的，甚至通常根本不爲他正確知道的能力，即內在的自由，也就是如此掙脫偏好的劇烈糾纏，以至於根本沒有任何偏好，哪怕是最喜愛的偏好對我們現在應當利用我們的理性作出的決定產生影響，那麼，人

---

③ probitas laudatur et alget〔誠實受到讚揚卻感到發冷〕，尤維納利斯：《諷刺詩集》，第I卷，一，七十四。——科學院版編者注

心就畢竟從任何時候都暗中壓在它上面的重負中得到解放和減輕了。如果只有我一個人知道錯誤在我這一方，而且，儘管坦率地承認錯誤、提議作出賠禮道歉因虛榮心、自私、甚至對被我侵權的人通常並非不公正的反感而遇到如此巨大的反對，我還仍然能夠把所有這些疑慮置之度外，那麼在這一種情況中，就畢竟包含著對偏好、對機遇的一種獨立性和對自我滿足的可能性的意識，即便是在別的意圖中，這種可能性對我來說也是處處有益的。而現在，義務的法則透過對它的遵守使我們感到的那種積極的價值，透過在對我們的自由的意識中對我們自己的敬重而找到了更方便的門路。如果這種敬重完全被建立起來了，如果沒有任何東西比在內部的反省中在人自己的眼中覺得自己是可鄙的和下流的更強烈地使人感到害怕，那麼，任何善良的道德意向都能夠被嫁接在這種敬重上，因爲這是防止心靈受不高尚的和墮落的衝動入侵的最好的，甚至是唯一的守衛者。

我借此只是想指出一種道德教養和練習的方法論的最普遍準則。既然義務的多樣性爲其每一個種類還要求特殊的規定，且這樣就會構成一項廣泛的工作，所以如果我在像這樣一部只是預備性練習的作品中僅限於討論這些基本特徵，人們將認爲我是有情可原的。

結束語

有兩樣東西，越是經常而持久地對它們進行反覆思考，它們就越是使心靈充滿常新而日益增長的驚讚和敬畏：我頭上的星空和我心中的道德法則。我不可以把這兩者當作遮蔽在黑暗中的或者在越界的東西中的，而在我的視野之外去尋求和純然猜測它們；我看到它們在我眼前，並把它們直接與對我的實存的意識連結起來。前者從我在外部感官世界中所占有的位置開始，並把我處於其中的連結擴展到具有世界之上的世界、星系組成的星系的無垠範圍，此外還擴展到它們的週期性運動及其開始和延續的無限時間。後者從我不可見的自我、我的人格性開始，把我展現在這樣一個世界中，這個世界具有眞正的無限性，但唯有對於知性來說才是可以察覺的，而且我認識到我與這個世界（但由此也就同時與所有那些可見世界）不是像在前者那裡一樣處於只是偶然的連結中，而是處於普遍的和必然的連結中。前面那個無數世界之集合的景象彷彿根除了我作爲一個動物性的造物的重要性，這種造物在它短時間內（人們不知道是怎樣）被配備了生命力之後，又不得不把它曾由以生成的物質歸還給行星（宇宙中的一個純然的點）。與此相反，後面這種景象則透過我的人格性無限地提升了我作爲一個理智的價值，在這種人格性中，道德法則向我啓示了一種不依賴於動物性，甚至不依賴於整個感官世界的生活，至少是從憑藉這個法則對我的存在的合目的的規定中可以得出的，這種規定並不侷限於此生的條件和界限，而是無限延續的。

然而，驚讚和敬重雖然能夠誘人去探索，但卻不能彌補探索的缺陷。現在，爲了以有用的和與對象的崇高相適合的方式來著手進行這種探索，應該做些什麼呢？在這裡，例子可以用做警告，但也可以用做效仿。對世界的考察曾經從人類的感官只能永遠呈現、我們的知性則只能永遠忍受在感官的廣袤範圍裡去追蹤的那種最壯麗的景象開始，而終止於占星學。道德曾經是從人類本性中其發展和培養可望有無限好處的那種最高尚的屬性開始，而終止於狂熱或者迷信。一切尚屬粗糙的嘗試情況都是這樣，在這些嘗試中，工作的最主要的部分都取決於理性的應用，這種應用並不像雙腳的應用那樣憑藉經常的練習就將自行產生，尤其是當它涉及不能如此直接地在平常經驗中展現的那些屬性的時候。但是，無論多麼遲，在對理性打算採取的一切步驟都事先周密思考，並只讓這些步驟在一種事先深思熟慮的方法的軌道上運行這一準則流行開來之後，對世界大廈的評判就獲得了一個完全不同的方向，同時與這個方向一起獲得了一個無比幸運的出發點。一塊石頭的降落、一個投石器的運動，在它們被分解成它們的各個要素和在此表現出來的力並經過數學處理之後，最終就產生出對世界結構的那種清晰的、對一切未來都不可改變的洞識，這個洞識在進一步的考察中可以希望永遠只是擴展自身，但絕對不用擔心不得不倒退回去。

上述例子能夠建議我們在對待我們的本性的道德稟賦時同樣選擇這條道路，並給予我們達到類似的良好成果的希望。我們手頭畢竟有在道德上作出判斷的理性的一些例子。現在把這些例子分解成它們的要素概念，在缺乏數學時採用一種類似於化學的離析程式，即在對平常人類知性反覆進行的實驗中，把可能存在於這些概念中的經驗性的東西和理性的東西離析開來，這就能夠使我們純粹地辨識兩者，並確定無疑地辨識每一個單獨就能夠提供的東西，這樣就能夠一方面預防一種尚屬粗糙的、未經練習的評判的失誤，另一方面（這更爲必要得多）預防天才亢奮，由於這種天才亢奮，就像哲人之石的煉金術士們習慣於做的那樣，不用任何方法上的研究和對自然的知識，就被許諾了夢想中的寶藏，但眞正的寶藏卻被揮霍掉了。一言以蔽之：科學（經過批判的尋求和方法上的引導）是導向智慧學的窄門，如果這種智慧學不僅被理解爲人們應當作的事情，而且被理解爲應當用做教師們的準繩的東西，以便妥善而明確地開闢那條每個人都應當走的通向智慧的道路，並保護別人不走歧路的話；這門科學，哲學在任何時候都必須依然是它的保管者，公眾對它的玄妙的研究不感興趣，但卻對按照這樣一種研究才能使他們眞正恍然大悟的學說大感興趣。

後記

本書譯自《康德全集》（Kants gesammelte Schriften, herausgegeben von der Königlichen PreuBischen Akademie der Wissenschaften，統稱「科學院版」）第五卷，原載《康德著作全集》，第五卷（李秋零主編，北京，中國人民大學出版社，二〇〇七）。

本次作爲單行本出版，除訂正了一些錯譯之處，增補了個別漏譯之外，主要是增加了「科學院版」的編者導言。這篇導言在大量原始材料的基礎上，對康德的《實踐理性批判》的誕生史進行了詳細考察，不僅對於我們理解康德的《實踐理性批判》，而且對於我們理解整個康德哲學體系，理解康德思想的發展演變，都有莫大的幫助。此外，譯者還從「科學院版」中挑選了一些對於我們中國讀者來說有助益、有意義的注釋譯出。

《實踐理性批判》是康德哲學著作中漢語譯本最多的一部，由此可見中國學界對它的重視程度。譯者在翻譯過程中參考了以往的譯本，吸取了它們的成功之處，也彌補了它們的一些疏漏之處，嘗試了一些新的譯法，但願能夠爲學界和讀書界所接受。

李秋零

於中國人民大學佛教與宗教學理論研究所

二〇一一年五月六日

中德人名對照表

阿那克薩哥拉	Anaxagoras
安妮·博林	Anna von Bolen
柏拉圖	Plato
法拉裡斯	Phalaris
封德耐爾	Fontenelle
伏爾泰	Voltaire
法蘭西斯一世	Franz I
哈奇森	Hutcheson
亨利八世	Heinrich VIII
克魯修斯	Crusius
萊布尼茨	Leibniz
曼德維爾	Mandeville
蒙台涅	Montaigne
穆罕默德	Mahomet
普里斯特利	Priestley
切澤爾登	Cheselden
斯賓諾莎	Spinoza
魏岑曼	Wizenmann
沃爾夫	Wolff
沃康松	Vaucanson
休謨	Hume
亞里斯多德	Aristoteles
伊比鳩魯	Epikur
尤維納利斯	Juvenal

康德年表

年代	生平記事
一七二四	四月二十二日出生於德國。
一七三二	進入腓特烈學院，接受拉丁文教育。
一七三七	母親（一六九七年生）去世。
一七四六	父親（一六八二年生）去世。
一七四〇	進入柯尼斯堡大學。
一七四六	完成第一篇作品《論對活力的正確評價》。
一七五五	出版其第一部重要著作《自然通史和天體理論》。同年取得大學講師資格。
一七六二	發表《三段論法四格的詭辯》。
一七八一	出版《純粹理性批判》。
一七八三	出版《任何一種能夠作為科學出現的未來形上學導論》（未來形上學導論）。
一七八四	出版《關於一種世界公民觀點的普遍歷史的理念》、《回答這個問題：什麼是啓蒙？》。
一七八五	第一本倫理學著作《道德形上學基礎》出版。
一七八六	出版《自然形上學基礎》、《人類歷史開端的推測》。
一七八七	《純粹理性批判》再版。

一七八八	出版《實踐理性批判》。
一七九〇	出版《判斷力批判》。
一七九三	出版《純然理性界限內的宗教》、《論俗語：這在理論上可能是正確的，但不適用於實踐？》。
一七九五	出版《論永久和平》、《道德形上學》。
一七九八	出版《學科之爭》、《實用人類學》。
一八〇〇	由學生聽講筆記，整理而成的康德著作《邏輯學講義》出版。
一八〇三	由學生根據康德在科尼斯堡大學講授「教育學」的教學手稿，整理而成《康德論教育》。
一八〇四	二月十二日，康德去世。

名詞索引

一畫

二畫

三畫

四畫

五畫

六畫

七畫

八畫

九畫

十畫

十一畫

十二畫

十三畫

十四畫

五南
WU-NAN
全新官方臉書
五南讀書趣
WUNAN
Books
since1966
Facebook 按讚
1 秒變文青
五南讀書趣 Wunan Books
★ 專業實用有趣
★ 搶先書籍開箱
★ 獨家優惠好康
不定期舉辦抽獎
贈書活動喔！！！

經典名著文庫024
實踐理性批判

作　　者 — 康德 (Immanuel Kant)
譯 注 者 — 李秋零
發 行 人 — 楊榮川
總 經 理 — 楊士清
總 編 輯 — 楊秀麗
文庫策劃 — 楊榮川
副總編輯 — 黃文瓊
特約編輯 — 劉芸蓁
責任編輯 — 李敏華
封面設計 — 姚孝慈
著者繪像 — 莊河源
出 版 者 — 五南圖書出版股份有限公司
地　　址：台北市大安區 106 和平東路二段 339 號 4 樓
電　　話：02-27055066（代表號）
傳　　眞：02-27066100
劃撥帳號：01068953
戶　　名：五南圖書出版股份有限公司
網　　址：https://www.wunan.com.tw
電子郵件：wunan@wunan.com.tw
法律顧問 — 林勝安律師事務所　林勝安律師
出版日期 — 2019 年 8 月初版一刷
2022 年 3 月初版二刷
定　　價 — 380 元

國家圖書館出版品預行編目資料

實踐理性批判 / 康德（Immanuel Kent）著；李秋零譯注； -- 初版 -- 臺北市：五南圖書出版股份有限公司，2019.08
面； 公分
譯自：kritik der praktischen vernunft
ISBN 978-957-763-498-6（平裝）
1. 康德（Kant, Immanuel, 1724-1804） 2. 康德哲學 3. 批判哲學
147.45　　108010220